3日で運がよくなる「そうじ力」

そうじ力研究家
舛田光洋
Mitsuhiro Masuda

三笠書房

はじめに

ただ「そうじ」をするだけ——「必要でないもの」を捨てたとたん、「幸せ」が次々と飛び込んできます！

ただ「そうじ」をするだけ。

けれど、これから本書で説明することを「意識」しながらやることで、不思議な力を発揮します。その力としくみを知り、実践すれば、必ず「まさか！」と思うほどの劇的な人の変化を実感できるのです。

私が「そうじ力」によって実際に体験した奇跡のような出来事はもちろん、そうじ力を実践されている方々からのうれしい報告をたくさんいただき、そうじ力の効果をあらためて思い知らされます。

つい先日も、私の著書を読んでくださった方からメールが届きました。

その方は四十代前半の主婦の方です。

彼女は、長くうつ病であったといいます。

その影響は家族にも及び、笑いのない暗い家庭になってしまっていたそうです。

自分に気を遣う家族を見ては、「私のせいだ」と自分を責め、いつしか、自分さえいなくなればと、自殺まで考えるようになったといいます。


ちょうどそのとき、私の「そうじ力」の本と出会ったのです。

そして「今の私にはこれしかない」と最後の望みをかけました。

「私は変わるんだ。私の中のマイナスエネルギーを追い出すのだ」と、強く思ってトイレを磨いたそうです。

すると、彼女に変化が起こりました。

磨きながら、喜びで胸が満たされてきて、

「私はまだできる、私はまだ、そうじができる！　自分のためにも家族のためにも、何かできることがあるはずだ！」
と、強いエネルギーが心の底からわき上がってきたそうです。

そうです。彼女は希望をつかんだのです。
それから、夢中になって今度は「捨てる」を実践しました。
ひとつモノを捨てるたびに、部屋の中がどんどんスッキリしていきます。
それと比例して、どんどん自分自身の心が軽くなっていきました。
その姿を見て、ご主人とお子さんたちは喜びました。
そして一緒にそうじ力を実践しはじめました。
家庭に笑顔が戻ったのです。

私はこのメールを読みながら、うれしくて涙が止まりませんでした。
そして、もっと多くの方にそうじ力を知ってもらいたいと強く思いました。
今回、新たな形で本書をお届けすることになり、とてもうれしく思っています。

そうじ力実践上級者のみなさんは、まだそうじ力を知らないご友人に「はじめの1冊」として、本書を紹介することもできます。

本書では、忙しくて時間のない人でも、片づけるのが苦手な人でも、今までまともに家事をやったことがないという男性でも、簡単に実践できるように、3日間で「そうじ力」を実感するためのノウハウをまとめました。

3日間で運気を上げるそうじのポイントや、あなたの願いをかなえるためのそうじテクニックを紹介しています。

「そうじ力」とは、そうじが心にもたらす劇的な力のこと。

そうじ力にはあなたの運命を好転させる力があるのです。

まずは3日間、本書のやり方に従ってそうじをしてみてください。そして、ぜひ、本来のあなたの輝きを、「そうじ力」によって100パーセント発揮してください。

さあ、さっそくその第一歩を踏み出しましょう!

Contents

第2章 〈部屋別〉運気を上げるそうじのポイント

幸運の鍵が隠れている場所

第3章
運が10倍速くよくなる「そうじテクニック」
やるなら、最も効果的なやり方で!

第5章

「そうじ力」なら、どんな願いも思いのまま！

お金もいらない！　今すぐできる！

第6章

「プチそうじ」で、いつでもどこでも運気アップ！

まるで呼吸をするようにツキがやってくる！

本文イラスト◆くにともゆかり
編集協力◆清水きよみ

第1章

「そうじ」と運命の不思議な法則

捨ててスッキリ！心も体も軽くなる

きれいな部屋には〝いい気〟がやどる！

「部屋はあなたの心理状態を映し出す鏡です」

私はこれまで、そうじのプロとして数多くの方々の自宅にうかがう機会がありました。

その経験から、このことは真実であると断言できます。

立派に成功して裕福な暮らしをしている人の部屋は、どこをそうじすればいいの？と思うほど、きれいに整っています。

たとえお金持ちでも、何かやましいことをして成功したり、家庭がうまくいっていなかったりする場合は逆。高価なインテリアに囲まれていても、ごちゃごちゃしているのです。

仕事がうまくいっていないから部屋が散らかっている、精神的にイライラしているから部屋を片づけられない……。

こんなふうにおっしゃる方がいます。

たしかに一理ありますが、私は逆だと考えています。

つまり、**部屋が片づいていないから仕事がうまくいかない、部屋が汚いからイライラする**のです。

あなたの部屋はどうでしょうか。

まずは、部屋の中をぐるっと見渡してみてください。

どのような状態ですか？

そして、どんな気分ですか？

この本を手に取ったみなさんの部屋は、これからきれいになる段階(おそらくは)。
今はまだ汚れやホコリ、ゴミ、カビ、不用品でいっぱいかもしれません。
そんなマイナス要因があると、人間は無意識のうちに目を背けようとします。
あなたの部屋にも閉めっぱなしの扉やフタがあるのではありませんか?
もし心当たりがあるなら、思い切って全部開けてみてください。

「大丈夫、きれいで快適!」という方もいるかもしれませんが、隠れていたゴミや汚れ、ガタクタ、不用品が一気に目の前に現われ、あまりの汚れ具合に、大きなショックを受ける方も多いのではないでしょうか。

じつは、この「現状を知る」ということが、今後あなたが本来の輝きを取り戻して、幸せになれるかどうかを決める、最大のポイントなのです。

冒頭に書いたように、部屋の状態は、自分自身を表わしています。

そして、今あなたは客観的に自分の部屋の現状＝今の自分自身を見ることができたのです。

ゴミや汚れ、ガラクタ、不用品などは、すべてマイナスのエネルギーを発する要因。

そんなものに囲まれて暮らしていた現状に、あなたはやっと気づくことができました。

本来、人は嫌なものから目を背けてしまいます。

自分自身を客観的に見ることは、誰にとってもむずかしいものなのです。

だからこそ、いろんな場面で選択を誤り、そのまま間違った道を進みます。

さらには、間違っていることにすら気づかないこともあります。

もうおわかりですね。

あなたが幸せになる第一歩は、「きちんと現実を見つめることができるかどうか」です。そして、「これが今の私の部屋。そして私自身なんだ」と受け入れること。

自分の現状を引きよせていたのは「部屋の状態」であると、しっかり認識してください。

次にやることは決まっています。

そう、**意識して部屋のそうじをするだけ**です。

積極的にそうじをして、マイナスのエネルギーを全部取りのぞいてください。マイナスのエネルギーを発するものとは、カビ、ホコリ、汚れ、不用品、乱雑さなどです。

そのうえで、よきものをたくさん呼び込むプラスエネルギーを加えて、強力に幸運を引きよせればいいのです。

つまり、**「マイナスを取りのぞくそうじ力」**と**「プラスを引きよせるそうじ力」**の二つにより、人間は本来の能力を発揮できますし、さらにどんな夢でもかなえる強運パワーを手に入れることができます。

この二つを実践するだけで、運命は劇的に好転していくのです。

部屋の汚れ、ガラクタの恐ろしい影響力

都内でひとり暮らしをしているA子さんは、大手企業で働くキャリアウーマンです。毎日夜遅くまで忙しく働き、プライベートも充実していますが、ただひとつ悩みを抱えていました。

それは、「楽しく飲んだり遊んだりする友人はいても、心から安らげる恋人がもう何年もいない」ことです。

「それなりにがんばっているつもりなのに、なんで自分にはピッタリの相手が現われないんだろう……」

じつは、恋愛に限らず、仕事でも、家庭でも、何か問題を抱えている原因をさぐると、「部屋の汚れ」に行きつくことが多いのです。

A子さんの場合もそうでした。

自宅の様子を正直に話してもらうと、部屋の床には新聞や読みかけの本など、つねにモノが散乱しており、窓ガラスも外側は拭いたことがないといいます。

そこで、彼女には休みの日を利用して自分の部屋を見直してもらうことにしました。

彼女がよくよく部屋を見回してみると、台所は水アカで汚れ、シンクには洗い物が放置され、床の四隅の角や家具の下の見えない部分にはホコリがたまっていました。

トイレはカビで黒くなり、洗面所の鏡にも水アカがこびりつき、抜けた髪の毛があちこちに散らばっていました。

ここには書きませんが、気づいた汚れは、それだけではなかったようです。

毎日生活している部屋なのに、平日は仕事、休日は遊びと、そうじをあと回しにしていた結果、**家中が汚れでコーティング**されていたことに気づかなかったのです。

つまり、本人は毎日ちょこちょこ片づけているつもりでいたのですが、ただモノを移動させているだけで、本当の意味での「そうじ」はしていなかったのです。

「私、こんなに汚れた部屋に住んでいたんだ……」と、やっと現状に気づいた彼女は、金曜日の夜から日曜日までの3日間で、本書で紹介していく「そうじ力」に従ったそうじを始める決心をしました。

まずは、部屋の窓を開け放ち、要らないものをどんどん整理し（なかでも洋服はものすごい数があったそうです）、食べ残しの食品や古いタオルも処分しました。

それから掃除機をかけ、鏡や台所、浴室、トイレを磨いていったのです。

すべてが終わり、ゆっくりお風呂につかっているとき、

「恋愛がうまくいかない理由は私自身にあったんだ。**自分自身を大事にできていないんだから、誰かを大事にできるはずなんてない**」と、自然に思えたそうです。

それからは、朝出かける前と夜寝る前のそうじはもちろん、なるべく自炊をするようにしたりと、自分の体をいたわるような生活を心がけました。おかげで体調もよくなり、何に対してもやる気が出てきました。

そして、いろいろな集まりに積極的に参加するようになり、交友関係が広がったそうです。

また、まわりの人に対して感謝の気持ちを持つようになったともいいます。

そんな変身を遂げたA子さんは、とても魅力的な女性に生まれ変わったのでしょう。現在は、仕事も変わらず順調なうえ、素敵な恋人もできたそうです。

忙しい毎日を送っていると、自分の部屋の状態に気づかなくなることがよくあります。そして、汚れた部屋のマイナスエネルギーが活力を奪い、そうじをする気力もわかなくなるのです。

事実、以前の私自身がそうでした（詳しくは後述します）。

でも、たったひとつの気づきを得るだけで、人生はこんなに変わるのです。

そうじ力　基本1――「換気」

エネルギーの流れを変えるいちばんの方法

そうじ力の基本になるのが**「換気」**です。

窓を開けて、部屋に新鮮な空気を取り込む。たったこれだけですが、驚くほどの威力を発揮します。この換気には、三つの大切な効用があります。

そうじ力における「換気」の三つの効用

1 外からプラスのエネルギーを取り入れる

子どもの頃、朝、お母さんに部屋の窓を開けられたとたん、それまで眠っていた体と頭がシャキッと目覚めた経験はありませんか？
これこそが、換気の力。

汚れた部屋には、マイナスのエネルギーが満ちています。

汚いものはマイナスを引きよせます。「類は友を呼ぶ」というように、どんどん悪いものばかりが集まり、マイナスの磁場ができ上がるのです。

そんなマイナスの磁場の中で生活をしていると、体調がすぐれないだけでなく、気分も落ち込みやすくなります。

すると、仕事やプライベートも不調になり、部屋ももっと汚れてくる。さらなる悪いものが引きよせられる……という、最悪のスパイラルに陥ります。

だからこそ、部屋には日々プラスのエネルギーを取り入れる必要があるのです。

新鮮な空気は、プラスのエネルギーの源です。

2 汚れた空気を外に出す

その昔、白衣の天使、ナイチンゲールも換気の力を借りて、大勢の人の命を救いました。

彼女は、コレラなどの院内感染を予防するため、患者を隔離するのではなく、ひたすら換気に努めたそうです。

閉めきった部屋には、人の呼吸から発せられた二酸化炭素や熱、ホコリが充満しています。目には見えませんが、空気はかなり汚れた状態です。

また、そうじを行なうと掃除機からの排気や、人やモノが動くことでホコリが舞いやすくなります。

そんな汚れた空気を吸いこみ続ければ、体調が悪くなるのは当然のこと。

きれいな空気を取り入れることは、健康面や衛生面にとって必要不可欠なのです。

何をするにも、まずは健康が第一。

汚れた空気は外に出し、きれいな空気を部屋に入れる。

この習慣を心がけてください。

3 意識的に呼吸して疲れを取りのぞく！

私たちは、絶えず呼吸しています。

しかし、汚れた部屋で生活をしていると、なぜかみな、呼吸が浅くなっていきます。

すると、体は十分な酸素を取り込むことができず、絶えず酸欠状態。疲れがたまりやすくなり、また、とれにくくなります。

私自身、換気をしないでそうじをしてしまったとき、妙に疲れを感じたり、最後までやり遂げられなかった経験があります。


また、そうじは思いのほかメンタルのパワーも必要とする作業です。

部屋の汚れを取ったり、モノを捨てるとき、大きな疲労感を覚えたことはありませんか？

そんなときは**呼吸を意識してみましょう**。

深い呼吸をくり返しながらそうじを行なうことで、部屋の中にあるマイナスのエネルギーに打ち勝つパワーを得ることができます。

疲れたら、深呼吸。

これも、そうじを気持ちよくやり遂げるコツです。

意識して換気するだけで……！

正直言って私自身、はじめは「換気」の力をそれほど重要視していませんでした。

ところが、全国各地で行なっているセミナー会場での反響や読者の方からの意見を聞くうち、私が考えていた以上の力があると確信するに至りました。

ここで、実際に換気を実践してうれしい変化を体験した方のコメントを、いくつか紹介します。

「ワンルームでひとり暮らしをしています。外出が多く、部屋には寝に帰る程度だったため、もうずっと換気をする、ということを忘れていました。いくら寝ても疲れがとれず、顔色も悪かったのですが、〝そうじ力〟の本を読んで換気をしてみたら、気持ちが晴れ晴れとしてきて、朝の目覚めもシャキッとしてきたんです。いつも定時ぎりぎりに出社していたのに、最近はコーヒーを飲んでから出かけるゆとりもできました」（25歳・女性）

「特に部屋が汚れているとは思っていなかったんですが、久しぶりに窓を開けたら、部屋中のホコリがウワーッと動きました。めちゃくちゃビックリして、そうじをせずにはいられなくなりました」（28歳・男性）

「最近落ち込みがちだったんですが、毎日換気をするようになったら、少しずつ元気になってきました。体のだるさがとれて、なんだかすがすがしい気分。もう少しエネルギーが充電できたら、そうじを始めてみたいと思っています。換気の力って、すごいです！」（39歳・女性）

新鮮な空気は運気好転の特効薬

じつは私は過去に、〝人生どん底〟という時期がありました。

ふり返って考えると、そのときの私の生活はまさにゴミだめ生活。

「これじゃダメだ。なんとかここから抜け出そう。明日はそうじをしよう」と思っても、翌日には「また明日でいいや」と先のばしにしていたのです。

私のセミナーに訪れる方からも、よく「今の自分を変えるには〝そうじ力〟だと思ってやろうと思うんですが、どうしてもやる気が起こらないんです」と相談を受けます。

汚れた部屋に満ちたマイナスエネルギーは、思った以上に強敵です。

「これまで汚い部屋で仲よくやってきたんだから、今さらきれいにする必要はないよ。案外、居心地いいでしょ」とでも言わんばかり、あの手この手で住人のやる気を奪おうとします。

このマイナスエネルギーに打ち勝つのに、換気に勝るものはありません。

都会で暮らしている方は、外の空気だって汚れているんだからと、あまり換気をしないようですが、それでも自然の空気はマイナス要素を撃退するいちばんの特効薬です。

毎日1回は、自然換気をしてください。朝でも昼でも夜でもかまいません。

たとえ雨でも、換気しないよりは、したほうが絶対にいいのです。

また、ワンルームなど、窓が少なくて風があまり入ってこない場合は、窓を開けたら、玄関やトイレ、お風呂場、キッチンなどの換気扇を回してみましょう。

それでも空気がよどむ場所があれば、扇風機を利用して空気を動かすのも、いい方法です。

最初からそうじに取りかかるパワーがわかなければ、とりあえず換気だけでも行なってみてください。

そのうち、体力と気力がグングンわいてきます。

まずは部屋から、マイナスのエネルギーを全部追い出してしまいましょう！

そうじ力　基本2――「捨てる」

要らないものを自分の部屋から排除する

人生で抱えているさまざまな問題と決別し、運気を好転させ、幸せをたくさんつかむためにはどうすればいいのでしょうか。

私は幸せを手に入れるために努力するよりも、まずは**〝マイナス〟をどんどん捨てていく努力をする**ことが、最終的に幸せをつかむことになるのではないかと実感しています。

モノを捨てる、ということは、これまでの自分がまとっていた古い殻＝ゴミやガラクタを捨てるということです。

また、**いつまでも決心がつかない迷いを捨てる**ということでもあります。

あなたは〝モノの犠牲〟になっていませんか？

部屋がたくさんの荷物であふれているとしたら、それはあなたの心にそれだけ多くの荷物がある、ということです。

買ったときは必要でも、それが役目を終えれば、いずれゴミやガラクタになります。古くなり、不要になったものは、そのモノ自体がマイナスのエネルギーを発する存在に変わります。

そんなモノに囲まれた生活をしていたら、どうなるでしょうか？

すべてのことがますます悪い方向へと、引きよせられてしまいます。

捨てるものは、不用品やゴミはもちろんですが、それ以上に、**「生活に必要なもの以外を捨てる」**ということが重要です。新しい自分になるための足かせになるものを残してはいけないのです。

捨てなければ、新しい運気はめぐってこないし、楽しい未来もやってきません。

これは逃れられない法則ですから、肝に銘じておいてください。

捨てる作業に入る前に、「何のために捨てるのか——それは悪いエネルギーを一掃し、新しく生まれ変わるため！」ということを、しっかりイメージしましょう。

そうすれば、あなたの捨てる作業はずっとスムーズで、効果の高いものになります。

まずは何から手をつけたらいい？

それではここで「捨てるもの」と「残すもの」を選別するポイントをお教えしましょう。

すべてに共通するキーワードはただひとつ。

「必要か、必要でないか」です。

捨てるのに迷ったら、このキーワードとこれから紹介する「選別のポイント」に照らし合わせて、判断してみてください。

最初は迷うことがあるかもしれません。でもそれは、マイナスエネルギーの誘惑。負けずに、生まれ変わりを阻むものをきっぱり捨て去りましょう！

ポイント1 過去――「思い出や栄光」を捨てる

押入れやクローゼットの中で不動の地位を占めているのが、「過去の栄光」です。

人は現在の状況が苦しければ苦しいほど、過去の輝いていた自分にすがりつきます。

じつは、私自身もそうでした。昔もらったラブレターをずっと捨てられずに持っていたのです。

今はあまりモテないけど、あの頃は……なんて、思い出の中で生きていたんですね。

元カレにもらったジュエリーや写真、今よりも楽しかった頃の思い出が染みついた品々はありませんか？

それをあらためてながめてみて、どんな気分になるでしょう。

明るい気分になるというよりは、きっとブルーになってしまうはず。

思い出にしがみついたり、何度もふり返っているようなら、捨てるのが正しい選択です。


人はどんなにがんばっても過去に生きることはできません。

過去の栄光は、あなたの心の中にあればいいものです。

今、本当に必要かどうかを見きわめてください。

ポイント2 現在——「レベルを下げるもの」を捨てる

あなたの身のまわりを占領しているものは、何でしょうか？

何カ月も前の読まなくなった雑誌、使い古しの化粧品、食べかけのお菓子、何年も観ていないビデオや本……。

その中でも、ゴシップ記事が満載の雑誌やいたずらに恐怖心を増幅させるホラービデオ、ダークな内容の書籍など**自分の品性を下げるようなもの**がありませんか？

いつの間にかたまったものは、部屋の磁場や自分自身のレベルを下げ、日々パワーを奪っています。

たまりやすいものは、なくてもいいものと心得て、この際、思い切って全部捨てましょう。

気前よく捨てるクセをつければ、レベルを下げるものはもう二度と、あなたの部屋に入ってこなくなります。

ポイント3 未来――「いつか使うもの」を捨てる

「この服、今は着られないけど、やせたときのためにとっておこう」

「便利な調理器具は、きっといつか使うから捨てないほうがいいよね」

「いつかオークションに出せば売れるから、食器セットは保管しておかなきゃ」

必要か、必要でないかを見きわめるとき、この「いつか」という言葉ほど甘く語りかけてくる誘惑はないでしょう。


しかし、実際には**「いつかは来ない」**のです。

「やせたら着よう」と思っている人は、やせていない自分を認めることができないだけ。本当の自分はもっとスリムできれいなはず、という幻想に逃げているのです。

もうそんなことはやめましょう。

服を捨てることで現状を受け入れ、来たるべき未来に向かって歩き出す勇気が持てるはずです。

未来への期待が大きければ大きいほど、〝いつか使うもの〟たちが場所を占領してきます。そこからは「不安」というマイナスエネルギーが発せられています。**ため込んでいるうちは、思い描いているような楽しい未来はやってきません。**

何よりも今を生きるために、「いつか使うもの」ときっぱり決別しましょう。

ポイント4 不安――「もったいないもの」を捨てる

いよいよ強敵の登場です。

モノを捨てられない理由としていちばん多いのが、この「もったいない」。

もちろん、私もモノを大事にする心はとても大切だと思っています。

しかし、「もったいない」を楯にして、ほとんど使わないものやガラクタと化したものまで残していませんか？

これは、**大事にしているのとは根本的に違います。**

「もう使わないけど、この指輪は高かったからもったいない」
「ブランド品の服とバッグだけは、もったいなくて捨てられない」
「あと少し残っているから、この口紅は捨てるのもったいないでしょ」

こんな声はよく耳にしますね。

でも、実際にその服に袖を通したとき、ウキウキと楽しい気持ちになるでしょうか？

その指輪をつけると、誇らしい気分になりますか？

使い残しの口紅をつけたあなたの顔は、輝いていますか？

きっと、すべての答えがＮＯ！

必要でないものは、あなたにとっての役目が終わったもの。そう考えて、「もったいない」の壁を乗り越えてください。

ポイント5 残す――**「なくなったらつらいもの」は残す**

私は「古いものは捨てましょう」とくり返し言っています。

そのせいか、ときどき「思い出の品があって、どうしても捨てられません。昨日からずっと悩みつづけていて、夜も眠れなくなりました」などという声を寄せられます。

そんなとき私は、「それは**あなたにとって、元気のもとになるようなもの**なのですね。だったら残しておいてください」とアドバイスします。

本章の冒頭にも書きましたが、モノを捨てるのは、新しい自分に生まれ変わり、レベルアップするために行なうのです。

決して古いものすべてが悪いわけではありません。

手放すと、自分がパワーダウンしたり、モチベーションが下がったりするようなものなら、捨てる必要はないのです。

きっとそのモノには、見たり触れたりすることで、自分が元気になるパワーが備わっているはずです。

そもそも、そうじ力とは自分の運をよくして、ハッピーになるための方法。

運をよくする手段として「捨てる」がある、ということを忘れないでください。

それでも捨てられないときの処方箋

捨てたいのに、捨てられない――。

私はそんな人たちからも、よく相談を受けます。


ある主婦の方もそうでした。

「私の家はゴミ屋敷の一歩手前です。どこから手をつけたらいいのかも、わからない。今までも何度も捨てようと決心したけれど、いつも何もできませんでした。いったい何から始めればいいのですか？」

そんなとき私は、「タオル1枚から始めてください。古くなって取っ手のもげた鍋でもいいです」とアドバイスします。

鍋ひとつでも、捨てられたら成功です。

そんな成功を、一つひとつ積み上げることに意味があるのです。**ひとつ捨てるごとに、プラスがひとつたまっていくイメージ**です。

あせる必要はありません。

いずれ、あなたのまわりにはすっきりとした空間が現われ、そこからプラスのエネルギーが出るようになるでしょう。

その頃には、捨てられない自分はいなくなっています。

相談してきた主婦の方は、私のアドバイスに半信半疑の様子でしたが、「まず古いコップを捨ててみます」と言って、帰りました。

後日届いたメールには、

「今まで一気にたくさん捨てなければいけないと思い込んでいましたが、少しずつ続けていくうちに、なんとゴミ袋10個分捨てることに成功しました！　とても晴れ晴れとした気持ちになって、なんだか自信までついてきました。これからもどんどん整理ができそうです」

と、書かれていました。

「捨てられない」というのは思い込みです。たとえそう思い込んでいても、小さな積み重ねを実行すれば、やがてはこんなに大きな成功に結びつくのです。

また、こんなケースもありました。

Yさんは、いつも同じ理由で失敗をしていました。

「私は貧乏性で、捨てるんだったらあげればいい、捨てるんだったら売ればいいと思ってしまいます。だから、どうしても捨てられないのです」

しかし、よくよく話を聞くと、実際にあげたり売ったりしたことはないといいます。

これこそが、「捨てられない」タイプの特徴です。

使わなくなったものを、リサイクルやバザーに出したり、ネットオークションで売ったりするのは決して悪いことではありません。

昨今は、便利なフリマ（フリーマーケット）アプリもはやっていて、私も使わなくなった鞄を、アプリを使ってほかの方にお譲りしたことがあります。まだ使えるモノを、別の場所で新たに蘇らせることができる、素晴らしい仕組みだと感心しました。

でも、何度もそうじに挫折している人は、往々にしてそれができないのです。だからこそ、**最初の決断として、「捨てる」という方法を選択してほしい**のです。「売るなら、すぐ行動に移す。それが大前提です。自分にはできないと思ったら、売ったりあげたりという選択肢は消去しなくてはいけません」

Yさんは、私の話を心の底から理解してくれたようで、大きくうなずきました。そして数日後、大きなゴミ袋いっぱいのゴミを処分できたというメールをもらいました。最後に、「こんな青空みたいに清々しい気持ちになったのは、本当に久しぶり」と書かれていました。

いかに捨てさせないか、というマイナスエネルギーの誘惑は、かなりの抵抗になるかもしれません。でも、それを乗り越えたときに、幸せが訪れるのです。

「買ってしまう気持ち」への処方箋

いさぎよくモノを捨てても、必要のない買い物を続けていては、元も子もありません。

以前、私のセミナーを訪れた方の中にも、買い物をやめられないという女性がいました。

彼女は給料のほとんどを洋服代に費やし、足りないお金は消費者金融で借りてまで、買い物を続けていたといいます。

しかし、買い物をした瞬間は満足するけれど、そのあとすぐに自己嫌悪に陥るというのです。

そこで私は、「欲望というマイナスエネルギーをまとった服を捨ててください。このままでは、あなたはその服に占領されて、生きながら死んでいるような生活をしなければならなくなる。マイナスの磁場から抜け出すには、とにかく捨てることです」とアドバイスをしました。

彼女はしばらく悩んだようですが、その後一気に服を捨てたそうです。

22個分のゴミ袋を捨てたあとは、体中に巻きついていた鎖から解放されたような爽快感を味わったといいます。

汚れた部屋で暮らす人は、マイナスのエネルギーを絶えず受けています。するといつしか意識が分散されるようになり、よく考えずにモノを買ったり、衝動的な行動をとってしまったりするようになります。

動物的にモノに反応して買っているので、あとでふり返ってみると必要のないものばかりが残ることに……。

しかし、一度でも「捨てる」ことを経験すると、モノを買うことに慎重になります。捨てるものを選ぶときに初めて「何で買ってしまったんだろう」「なんて無駄なことをしたんだろう」と、反省の気持ちが芽生えるからです。

そして、**「捨てる」を究めると、買うものの質が変わってきます。**よく吟味してモノを選ぶようになり、数は少なく、でも良質なものを長く使いたいと考えるようになるのです。

すると、家の中には上質なものが増え、そこからは**プラスのエネルギーが放出され、いい磁場がつくられる**ようになります。高級ホテルが、高級品を置くのはそのためです。

衝動的な買い物は幸せを呼ぶ行為ではありません。

あなたの部屋を低級なもので満たすことがないように、今こそ思い切って処分しましょう。

必要なものは、買わなくても与えられる!?

これからお話しすることは、前著にもすでに書いています。

でも、どうしても買い物がやめられない人にぜひ参考にしていただきたいので、もう一度お話しします。

私も以前は、新しいものを見るとついつい欲しくなって、必要のないものまで買っていた時期がありました。

しかし、そんな悪いクセが直る、ある出来事が起こったのです。

じつは、私は結婚してから10年ほど、テレビを買ったことがありません。

新婚の頃は、実家からもらってきた小さな14型テレビを使っていました。

当時は生活もラクではありませんでしたが、私はもっと大きくてかっこいいテレビが欲しくて、妻に相談を持ちかけました。

しかし「まだ使えるのに、どうして無理をして新しいテレビを買う必要があるの？」ともっともなことを言われ、断念したのです。

その数カ月後、タイミングよく（？）テレビが壊れたので、妻に新しいテレビを買うことを提案しました。当時は、私の給料が安く、ローンを組んで買わなければならない状況でしたが、壊れてしまったのだから、仕方ありません。

ところが、彼女は私にこう言いました。

「必要なものは与えられるんだから、買うことはないわよ」

このときばかりは、私もかなり食い下がったのですが、「テレビがなくたって死なないでしょ」という言葉に打ち勝つことはできませんでした。

しかし、なんとその翌日、ハウスクリーニング（当時の仕事）で訪れた先のお客さんから、新古品のテレビがもらえることになったのです。

この出来事があってからは、私の人生観はガラリと変わりました。

そして、このことを教えてくれた妻に、とても感謝しています。

必要なものは与えられる。

この言葉をあなたも信じてみませんか？

「部屋が狭い」はチャンスの宝庫！

家が狭いから片づかない、捨てても捨ててもモノが減らない、という話もよく聞きます。

自分自身をふり返ってみても、単身で東京に暮らしていたワンルーム時代が、いちばんモノが多くあふれかえっていたと思います。

それは、狭い部屋に暮らしていたときほど「こうなりたい」「ああしたい」という欲望が多く、それがモノに形を変えていたからなのです。

「本来の自分はこうじゃない」「あれがあれば自分は変われるのではないか」……そんな幻想を抱いて、モノを買うことに逃げていたのかもしれません。

今思うと、まるで不満がモノとして表われているかのようでした。

狭い部屋ではなく、広々とした高級マンションや一戸建てに住みたいなら、まず現状を受け入れることがそのための第一歩です。

狭い部屋にしか住めないのは、自分の今の実力ですから、**狭い部屋に合わせたライフスタイルを送る**必要があります。

モノに無駄なお金を使うより、逆にシンプルに暮らすことで、よけいな出費をおさえることもできます。部屋はきれいになりお金がたまるので一石二鳥です。

そうしてお金に余裕ができたら、今度はもっと広い部屋にステップアップしていきましょう。

第2章

〈部屋別〉運気を上げるそうじのポイント

幸運の鍵が隠れている場所

それぞれの部屋はあなたの心を映し出す鏡です

部屋にはあなたの**〝思い〟**が表われます。

幸せならポジティブな状態が、悩みがあればネガティブな状態が、ありのままに表われるのです。

そうじ力では「部屋は人の心がつくる」ととらえます。

ですから、どんなに風水的にいい方角に部屋があっても、その場所が汚ければ運は悪くなっていきます。

すべての出発点には、人の〝思い〟があり、その思いが〝行為〟となって具現化（現象化）し、その結果、幸不幸が決まるのです。

たとえば、キッチンでは「おいしい料理をつくる」という〝思い〟が最初にあり、

❶ 思い

❷ 行為

❸ 幸せが やってくる!

そのために「きれいな場所にしておこう」という〝行為〟によって、幸せな家族関係が成り立つ、と考えます。

つまり、引っ越しや大がかりなリフォームや家具の移動などをしなくても、人生をうまく変えていくことができるのです。

ここが環境によって人の運命を変える風水と異なる点です。

ではさっそく、各部屋が映し出す「あなたの問題点」や「マイナス要因の取りのぞき方」、そして「部屋を通して幸せになるための方法」を詳しくお話ししていきましょう。

トイレ

すぐに実感！
運気アップの即効性はバツグン！

まずトイレをきれいにしなければならない理由

トイレは、体の毒素である排泄物を流す場所。

人間は排泄できなければ死んでしまいますから、よくよく考えてみればトイレは家の中でいちばん偉い役目を果たしていると気づきます。

それなのに、私たちがふだん抱くトイレのイメージといえば、「汚い」「臭い」などダーティーなものばかり。「なるべくならそうじをしたくない」という思いが、汚いトイレを生み出しているのです。

本当は嫌な役目を引き受けてくれていることに感謝し、どこよりも清潔にしてお礼をするべきなのに、このままでは罰《ばち》が当たります。

あなたが用を足そうとトイレに行ったとき、「すみません、今日は汚れているし疲れているので休みます」と便座のフタが開かなかったらどうでしょう？「使うだけ使ってきれいにもしてくれないなんて勘弁してくれ」と言われたら？

さあ、今こそ意識改革をしましょう！

トイレは、**あなたの周囲の人に対する感謝の気持ちが表われる場所**。ないがしろにしているということは、誰にも感謝できなくなっていることを意味します。

たとえば自分を雇ってくれている社長や会社の同僚、取引先の人に不満ばかり抱《いだ》いていませんか？

でも彼らは、本当はあなたがお金というごほうびをいただくために、必要な人たちばかりです。

給料が安いという前に、まずは感謝の気持ちで人に接してみてください。

「最近、仕事にやる気が出てきたみたいだね」

「もっと責任あるポストを任せてみよう」

「この前言いすぎたよね。お詫びにおごるよ」

など、どんどん感謝のサークルができてきて、人間関係がみるみる良好になります。

その結果、**お金回りもよくなる**のです。


物事にはすべて原因があって結果があります。

あらゆる豊かさを生み出す感謝は、トイレが発信源です。

「いつもありがとう」と言いながら、トイレを磨いてみてください。

きっとあなたの中に素晴らしい変化がもたらされるはずです。

磨けば磨くほどご利益あり！

家の中でいちばん狭いトイレは、じつはそうじがしやすい場所です。また効果をすぐ実感できるので、運気アップの即効性もバツグンです。

換気扇や便座、タンクなど、分解できるものは取り外して洗いましょう。ふだんは手をつけないタンクの中なども、元栓をしっかり締めてから徹底的にそうじしてください。

便器の中をぞうきんできれいに拭いたら、陰になっている溝の部分もていねいに拭きましょう。トイレブラシでは洗いにくいので、やはりぞうきんや小さいブラシを使うのがベストです。

金具の部分はステンレスたわしで磨いて、から拭きをし、ピカピカに光らせておきましょう。

素手でやるとさらに効果的!?

私の知り合いの社長さんは、トイレそうじをするときに、ゴム手袋をせず素手で磨くようになってから、余分なプライドがなくなったといいます。

そのおかげで公私ともに人間関係が良好になり、会社の業績もうなぎ上りというごほうびがもたらされました。

「汚れを素手で落とす」行為は、その人の価値観をガラリと変える力を持っています。

もちろん、ゴム手袋をはめてそうじをしてもかまいませんが、強く「自分を変えたい」と思う人は、ぜひ素手でやってみてください。

キッチン

愛情運を育みたいならここ！

愛する人の顔を思い浮かべながらやるのがコツ

キッチンは、さまざまな素材をおいしく料理する場所です。

食べるという行為は人間の本能ですが、素材をそのまま口にせずわざわざ時間をかけて加工するのは、**おいしいものを食べると幸せになれるから**です。

幸せに結びつくおいしい料理は、まさに愛情そのもの。

よく「料理は愛情」といいますが、愛情を込めて料理をすると、その気持ちは必ず相手に伝わるのです。

また、おいしい料理を誰かと一緒に味わって食べることも、愛情を育てる大切な行為です。

ひとり暮らしの人も、自分をいたわるために、ていねいに料理をつくり、おいしく食べましょう。

「自分を愛せない人が他人を愛せるはずがない」と心得ておくことです。


ただし、愛を押しつけてはいけません。

どんなにおいしい料理でも、無理やり口の中につめ込まれたら嫌なように、「料理をつくってあげた」「愛してあげて、い、る、」というのでは、相手を思いやる本当の愛とはいえません。


汚れて乱雑なキッチンでは、「おいしいものをつくろう」という気力が奪われます。

何かをつくろうと思ったけれど、調味料がどこにあるのかわからない、鍋も汚れているから面倒……など、せっかくの愛情を生かすことができなくなるのです。

愛で満たされたければ、愛を生み出すこと。

そのために、キッチン周辺の汚れを取りのぞき、たくさんの料理をつくって、愛情で満たしていきましょう。

そして、キッチンのそうじはできるだけ家族など、食べる相手のよろこぶ顔を思い浮かべながらするようにしましょう。

できるだけ簡単なところから始めましょう

料理のプロたちのキッチンは、すっきりと整理整頓されていて、つねに清潔です。

それは**「整理整頓」と「清潔」の二つが、キッチンを生かす大切な要素**だからです。

まず、モノをごちゃごちゃと置くのをやめ、必要のないものを全部捨てましょう。

特に油が飛び散るレンジ周辺には、極力モノを置かないことです。

調理器具や調味料は、自分が動くラインに沿ってすべて収納すると、「使う」と「しまう」がスムーズにいきます。

整理整頓が済んだら、シンク、排水溝、冷蔵庫、電子レンジ、炊飯ジャー、ポット、ガスレンジ、換気扇などの汚れ取りです。

このとき大切なのが取りかかる順番。

できるだけ簡単なところから手をつけ、それによってきれいになったモノが発するプラスパワーを吸収してから、ガスレンジや換気扇といった大物に取りかかってください。

すべてを一度にやろうとせず、少しずつやるのがコツです。

徐々に清潔なスペースを拡大していきましょう。あせる必要はありません。

キッチンという愛情を育む場所をきれいにしようとがんばっているあなたは、もう愛情上手に近づいています。

洗面所

内面にも外見にも自信がつく!

すっぴんの自分に自信がありますか?

洗面所はきれいになるための場所です。

朝起きたときやお風呂上がり、メイクを落としたあとなど、洗面所の鏡に映るのは、いつもありのままの素の自分です。

そして顔を洗う、手を洗う、歯を磨くといったことは、どれも清潔さを保つための行為。

そんな**洗面所が汚れると、素の自分に対して自信がなくなっていきます**。

自信のなさを隠そうと派手なメイクをするようになったり、高価なものをローンで買いあさって自分を偽ろうとするなど、どんどん無理を重ねていきます。

精神的な疲れがたまっていくので、洗面所の汚れや鏡のくもりにも気づかない↓ますます汚れる↓もっと自分を飾ろうと無理をする……という、マイナスのスパイラルにはまってしまうのです。


どんなに外見を磨いても、内面がくもっていたら何の意味もありません。

そうなる前に汚れを取りのぞいて、本来の自分を取り戻しましょう。しっかりと現状を見つめて、受け入れることが大切です。

新しく何かをプラスするのではなく、本来の自分が持つ魅力を見つけて、そこを伸ばせばいいのです。

それが、あなたが本当にきれいに輝くための大きな第一歩になります。

そうじのポイントは「鏡」と「排水溝」

洗面所のそうじのポイントは**「鏡」**と**「排水溝」**です。

まずこの2カ所を徹底的にきれいにしましょう。

鏡は、中性洗剤を薄めた液を染み込ませたぞうきんで拭いたあと、から拭きをして光らせます。顔や歯を磨いたあとは鏡に水が飛び散るので、専用のぞうきんを用意して、その都度拭きとるようにするといいでしょう。

排水溝は、抜けた髪の毛などつまりの原因となるものを取りのぞいたら、使い古しの歯ブラシなどを利用して、できるだけ中まで磨きましょう。

最後に、洗面台や収納棚についた汚れを落とせば、すっきりと輝くようなスペースに生まれ変わります。

きれいになるには、きれいな空間づくりから。

清潔なスペースをキープするように心がければ、自分が持つ魅力を百パーセント引き出せるようになります。

浴室

「医者いらずの体」をつくるもと

体の中の〝マイナス要因〟が流れ出る場所

1日を過ごした体は、外気の汚れや汗などの老廃物にまみれています。そんな**汚れをすっきり落とし、自分をリセットするのが浴室**です。

また、仕事場での労働は、粗い波動となって心の疲れを増幅させるので、そんなダメージを癒《い》やす効果もあります。

お風呂上がりに体が軽くなったと感じたことはありませんか？

お湯をはったバスタブにつかると体温が上がり、血流が促されて、体内にたまった毒素やマイナスエネルギーが、汗となって毛穴から排出されるのです。

たとえシャワーだけでもアルファ波の作用で、かなりすっきりできます。

このように癒やしを与えてくれるお風呂ですが、汚れている場合は別。お風呂に入ってもいっこうに疲れがとれないと感じていたら、まずはそうじをしなくてはいけません。

浴室のあちこちが黒カビや湯アカで汚れていたり、排水溝も髪の毛やヌメリで流れが悪くなっているとしたら、そこはマイナスエネルギーの渦巻く磁場になっています。そのままにしておくと、せっかく体の汚れを落としても、新たに浴室の汚れというマイナスエネルギーを受け、**慢性的な疲労状態**になってしまうのです。

浴室が〝プラスの波動〟のヒーリングルームになる！

浴室のいちばんの問題は**カビ**です。
お湯の熱気と湿気はカビの大好物ですから、つねに換気を心がけて、乾燥させておくようにしましょう。

お風呂上がりのカビ対策として、**シャワーで冷水をかけて浴室内の温度を下げる**のも忘れないでください。

すでにカビが発生していたら、カビ取り剤で菌を殺します。

天井や壁、排水溝についている汚れも、浴室用洗剤を使ってきれいに取りましょう。

くたびれたボディタオルを新調するのもいいでしょう。


こうして浴室がきれいになったら、次はプラスの磁場をつくります。

水は言葉や波動を記憶する性質があります。バスタブを「ありがとう」と言いながらさらに磨けば、〝ありがとう空間（153ページ参照）〟ができるのです。

そしてたっぷりのお湯をはり、好きな香りのエッセンシャルオイルや入浴剤を入れて、いちばん風呂に入ってみてください。

ゆっくりと腹式呼吸をしながら、全身でプラスの波動を受けましょう。

心の底から癒やされ、疲れがときほぐされていくはずです。

排水溝

仕事や人間関係――悩んだら真っ先にチェック！

何かに行きづまったと感じたら……


排水溝は家の中の汚れを流す場所です。

また、家全体の気の流れを促す役割も持っています。

そんな排水溝のそうじを怠り、放っておけば、やがてはつまります。

すると、しだいに人生のあらゆる事柄の流れもつまり始めるのです。

人生や仕事に行きづまるようになり、お金の流れも悪くなる――不思議な話だと思われるかもしれませんが、これは逃れようのない事実です。

私は**仕事でスランプ**に陥ると、必ず**排水溝のそうじ**をします。

すると、胸のつかえがスッととれて、物事がスムーズに進みだすのです。

排水溝の汚れはふだん見えないので、おろそかにしやすいもの。

でも、じつは毎日汚れとがんばって戦ってくれています。

仕事がうまくいかない、人間関係にトラブルがあるなど、何か悩みがあるなら、まず排水溝の流れをよくすること。

人生にもいい流れが生まれるはずです。

ここでは〝思い切り〟が大切です

排水溝は、キッチン、バスルーム、洗面所、洗濯機の排水パン、ベランダなど、家の水場にあります。

もともと汚れを流している場所なので、放っておくとカビやホコリがどんどんたまり、さらに汚れてしまいます。

まずはフタをとって、分解できるものは取り外しましょう。

一度も触れたことがない、という人もいるようなので、最初は少し勇気がいるかもしれませんが、思い切ってやってみてください。

そうして部品をすべて取り外し、ひとつずつ洗っていきます。

髪の毛やゴミがたまっていたら、すべて取りのぞいてから、キッチン用のカビ取り剤や洗剤をかけて、しばらく放置します。

すると、みるみる汚れが浮き上がってくるので、あとは水で流します。それでもまだこびりついている汚れやヌメリは、たわしやスポンジでこすって落としましょう。

一度きれいにしたあとは、汚れがたまらないうちにそうじをするクセをつけ、いつでも新品のようにピカピカに保っておきましょう。

排水溝は精神状態の〝合わせ鏡〟

R子さんは、大手メーカーの管理職として働く女性。忙しい毎日に追われ、そうじもできずにいたそうです。

あるときから、洗面所の排水溝がつまりだしたことを気にしつつ、しばらくそのままにしていました。

ところが、そのうち水を流すたびにゴボゴボという音がしはじめ、さすがにこのままでは大変なことになると感じたR子さんは、意を決して排水溝の中に手をつっ込みました。

ヌルヌルした塊に手があたったので、エイッと引っ張り出したら、自分の髪が大量に出てきたそうです。その瞬間、勢いよく流れていく水を見て、涙がボロボロと出てきて止まらなくなったといいます。

排水溝にたまっていた自分の髪を見たR子さんは、そこに無理をしている自分を見た気がしたそうです。

対人関係での疲れもピークだったので、自分を大切にする時間を持つために初めて長期の休みをとったと、後日連絡がきました。


排水溝は、**精神的なマイナス要因が表われやすい場所**。

すでにそうじ力を実践された方たちの中でも、特に女性からの反応がとても大きく、他人によく思われようと合わせている自分、がんばりすぎている自分などに気づくきっかけになるといいます。


あなたの家の排水溝は汚れていませんか？

無理をしていると感じたら、ぜひそうじをして流れをよくしてください。

心の汚れもすっきり洗い流すことができるでしょう。

玄関

幸運と不運の〝通り道〟がここ！

「悪いものを出し、いいものだけを入れる」が基本

玄関はすべてにおいて出入り口の役割を持っています。
単に私たちが出入りするだけでなく、家に集まるエネルギーも、つねに玄関から出入りしています。

ここで注意したいのは、**玄関にはいいエネルギーだけでなく、悪いエネルギーも集まる**という点です。

玄関が泥やホコリで汚れていたり、靴箱が乱雑になっていると、そこはマイナスの磁場となり、悪いものばかりを呼び込むようになります。

疲れて帰ってきたとき、玄関がぐちゃぐちゃだったら、よけいに疲れが増すでしょう。これは自分がすでにまとっている疲れに、玄関のマイナスエネルギーが足されるからです。

逆に、出かけるときに汚れた玄関を通れば、悪いエネルギーを背負って外出することになるのです。

仕事でも恋愛でも、なぜかうまくいかないことが続いているなと感じるときは、まず玄関に目を向けてみてください。

イメージとしては、幸運が「この家に入ってみたい」と思えるかどうか。

それが運命の分かれ道になっているのです。

幸運を呼ぶ〝プラスバリア〟をはる「そうじ」

玄関はいわば〝関所〟の役割をしています。

神社の入り口には必ず邪気を払う狛犬《こまいぬ》がいるように、あなたの家の玄関にも**マイナ**

スを跳ね返す〝バリア〟をはる必要があります。

まずは不用品を捨てましょう。

必要以上のビニール傘やたまにしか使わないゴルフセットはありませんか？

季節外れの靴や、捨てようと思ってそのままになっている雑誌の束などが置かれていませんか？

これでは運気の通り道が狭くなってしまいます。

すっきりと片づけることが最初のステップです。

次に、汚れ落としです。

家の顔であるドアの外側を、きれいなぞうきんで磨き上げてください。ドアは泥やホコリがつきやすいので、思った以上に汚れています。

そして玄関の前も、ホウキできれいに掃いてください。

もし表札の文字が薄くなっていたら、すぐに書き直し、いつも清潔に、クリアにしておくことが大切です。
また、マンションであれば、共用部分もできる限りそうじしましょう。

外が終わったら、ドアの内側です。
ぞうきんで拭いたら、棚や靴箱もきれいにしましょう。
床はホウキでホコリやチリを掃いたあと、濡れたぞうきんで拭くとすっきりします。
泥がこびりついている場合は、ヘラなどで取ってから拭いてください。

最後の仕上げは靴磨きです。
清潔な靴は疲れを寄せつけないパワーをもたらします。

すべてが終わったら、あなたの玄関はプラスのバリアで守られます。
毎日、新鮮な空気を通して、きれいに拭き清め、いいエネルギーを循環させるように心がけましょう。

リビング

夫婦・親子関係がみるみる改善!

人でいえば心臓にあたる「家の要」

リビングは家族が集う場所です。

人でいえば心臓にあたる部分で、ここを中心にしてキッチンやバスルーム、寝室、子ども部屋へと各部屋に移動をします。

また、日中外へ出かけていったんバラバラになった家族が再集結する、家の要《かなめ》ともいえます。

そんなリビングが汚れていると、だんだん家族の調和が崩れてきます。

マイナスの磁場となり、悪い波動がやがて住人にまで伝わっていくからです。

すると、気づかぬうちに夫婦関係や親子関係もギクシャクしてきます。

私は昔、家庭教師の仕事をしていたのですが、登校拒否や反抗期の子どものいる家のリビングはとても暗く、ホコリっぽい印象を受けました。

家庭不和はリビングから始まります。

人生の基盤である家庭がいつも円満であるよう、よどみのない幸せな磁場をつくることが大切です。

風を通してプラスエネルギーを高める

リビングに表われるのは、**家庭をマネージメントしている母親の思い**です。

もし、今何かトラブルがあるとしても、そうじ力を実践するときは、家族が笑顔で集まり幸せの輪ができているイメージを持ってください。

家族を愛する思いはいい波動となって、必ず家族に伝わります。

心の準備ができたら、換気からスタートです。

リビングにはつねに風を通し、ホコリをためないようにしてください。

そしてテーブルをきれいに磨き上げましょう。

もし調味料やティッシュなどが置かれているなら、あるべき場所にしまい、卓上には何も置かないのがベスト。ひとつでも不要なものがあると、次から次へと荷物が集まってきてしまいます。

家具の上や隙間、テレビの上など、ふだんあまり目につかないところも、徹底的にそうじをしてください。

また、お土産にもらったものなど、あまり気に入っていないものが置かれている場合は、くださった人の気持ちだけは心にしまい、この際捨ててしまいましょう。運気を下げる原因になってしまいます。

フローリングの床は水拭きをしてから、から拭きで仕上げます。

定期的にワックスがけをしてツヤツヤに仕上げると、よりプラスエネルギーが高まるので、ぜひ実践してください。

カーペットや畳の場合は掃除機をかけ、汚れがひどいところは重曹《じゅうそう》などを使って（136ページ参照）きれいにしましょう。

このあと、固く絞ったぞうきんで拭くと、さらにすっきりします。

来客のあとは、磁場をリセットしましょう

リビングはお客様をもてなす場でもありますが、人がたくさん来たあとの部屋は磁場が乱れています。そのままにしておくと、気持ちがざわついて落ち着けなくなるので、必ず換気をして、掃除機をかけましょう。

こうして磁場をリセットすれば、元の落ち着いた環境に戻すことができます。

それでもなんとなくすっきりしないと思うときは、**炒《い》り塩**（145ページ参照）をすると完璧です。

寝室

心と体にプラスエネルギーを充電する

1日の始まりと終わりの場所

寝室は、1日の始まりと終わりを過ごす場所。

ぐっすり眠ってエネルギーを充電し、心地よい目覚めでスタートを切る、という役割を持っています。

寝室が汚れていると、エネルギーが充電できなくなります。

疲れがとれないので体は重く、集中して物事に取り組めなくなり、途中でパワーが切れてしまうこともあるでしょう。

最近、眠りが浅い、なかなか寝つけない、悪夢ばかり見て熟睡できないなど、睡眠のトラブルが増えていると聞きますが、そんな人は寝室にも何か原因があるかもしれません。

そうじ力でマイナス要因を取りのぞき、快適な磁場の中でたっぷりエネルギーを補充してもらいたいと思います。

睡眠に集中しやすい環境のつくり方

寝る直前と目覚めの瞬間は、潜在意識にもっとも暗示がかかりやすいときです。

もし寝る直前に目に入ったものが、タンスの上に山積みされた荷物だったとしたら、「地震がきたらすぐに崩れ落ちてしまう」などと無意識のうちに危機感を覚えます。そんな状況で安眠はできません。

逆に、すっきりとした清潔な空間であれば、目に入るものもプラスのエネルギーを発しているものばかり。どれを見ても安心感につながり、眠りも目覚めも快適になります。

寝室にはできる限りモノを置かないのがベスト。

私が見てきた限り、幸せなお金持ちの家の寝室はベッドや寝具が上質で、それ以外ほとんど何も置かれていませんでした。

目に入る情報が少なく、睡眠に集中しやすい環境になっているのです。

寝具も肌ざわりのいいものを選び、いつも清潔に保ちましょう。

そうすれば、あなたの心と体はプラスのエネルギーで満たされます。

「ぐっすり快眠」「すっきり目覚め」のためのそうじ術

最初に**ホコリ**を取りのぞきましょう。
窓を開けて換気をし、空気中にさまよっているマイナスエネルギーを外に出したら、照明の傘やクローゼットやタンスの上などにたまっているホコリを、ハンディモップなどで取り除きます。もし、タンスの上に積んでいる荷物があれば降ろして、別のところに収納するか、不要であれば捨ててください。

もちろん、床やベッドの下などもきれいに水拭きをして、すっきりさせます。

そうじが終わったら、寝具をすべて洗いましょう。

枕カバーやシーツ、布団カバーをこまめに取り替えるだけでも、いい眠りにつながります。

また、布団の敷きっぱなしはいけません。定期的に干して、汗や湿気を取りのぞきましょう。

ベッドでも毎日布団をたたみ、通気性をよくすることが大切です。

静かで落ち着いた磁場を保つためにも、寝たときに目につく箇所は、まめにきれいにしておきましょう。

照明

疲れがスーッと抜け、心が軽くなる！

照明でやすらげる空間づくり

主婦のSさんは、毎日遅くまで働く夫に少しでもやすらいでほしいと、家の照明を交換するタイミングで、電球色の優しいLED灯に換えました。

リビングは調光器付きの照明器具にしました。

しばらくたった頃、夫から、

「最近、家に帰ってからとてもリラックスできるようになったよ。君が照明を換えてからじゃないかな。夜ぐっすり眠れるようになって、疲れがとれているおかげで、朝から気分もスッキリ。早起きも全然苦ではなくなったよ」

と言われました。

確かにこのところ、朝早く起きて読書をしている夫を見ていましたが、以前よりもはつらつとしているようで、Ｓさんも嬉しくなったということです。

家の照明が明るすぎると、不眠の原因になることもあります。

最近の調査で、蛍光灯の白くて強い光は交感神経を刺激するため、長時間さらされると、寝つきが悪くなったり、キレやすくなる子供が増えることがわかっています。

書斎や勉強部屋であれば、蛍光灯でも構いませんが、リビングや寝室など、家族にリラックスしてほしい空間では、なるべく白熱灯か、ＬＥＤ灯なら優しい電球色を選びましょう。

玄関の照明だけはワット数を高めにする

ただし、玄関だけは例外です。

室内を蛍光灯にして、玄関をワット数低めの白熱灯にしているお宅も多いかと思いますが、そうじ力の観点でいうと、これはまったく逆のことをしています。

玄関の照明だけは、高めの80ワットくらいにしてください。

仕事や学校など、外での活動を終えて帰宅する頃には、心身ともに疲れていることがほとんどです。玄関の照明を明るくすることで、瞬時に心も明るくなりマイナスのエネルギーをリセットすることができます。


私も講演続きで長期出張をして、疲労困憊《ひろうこんぱい》で帰宅することがあります。

そんなとき、玄関の扉を開けたとたん、妻が照明をつけて出迎えてくれると、パッと明るい光が差し込んで、気持ちまで明るくなる気がします。外から引きずってきた、どんよりとしたエネルギーが、一気に取り除かれるようなイメージです。

そしてリビングに入れば、間接照明の柔らかな光に包まれ、ゆったりとした気分になり、疲れが癒やされていくのです。

ホテルの照明を思い浮かべてみてください。
ホテルもロビーは明るいですが、部屋は薄暗く設定されていますよね。実によく考えられていると思います。

照明器具の掃除は浴室で

照明器具の汚れは、おもにホコリです。ホコリは放置しておくと、料理中に出る細かな油などを吸着して、取れにくくなります。年に一度は、外側のカバーを外し、浴室で中性洗剤などを使って丸洗いをするとよいでしょう。水を拭き取ったら、から拭きで仕上げてください。

こまめにハンディモップなどでホコリを取っていると、長く清潔な状態を保つことができます。

クローゼット

迷ったとき、悩んだとき――

進むべき道が開ける！

不安があるほど、クローゼットは満杯に

女性にとって、捨てられないものの第1位が洋服です。

私のもとには、洋服が捨てられずに困っているという女性たちから、毎日のように悩みが寄せられます。


しかし、洋服を捨てられないという人のクローゼットほど、モノでいっぱいで乱雑であることも確か。

それは、不安になったり人生に迷いはじめると、モノにすがりつきたくなるからです。自信がない人ほど、洋服を大量に買いこんだり、ブランド品に頼る傾向が見られ

ます。

また、自分自身に迷いがあると、要るものと要らないものの区別がつかなくなるのも事実。正しい判断ができなくなるので、その悪影響はさまざまな方向に飛び火するのです。

自分では精一杯がんばっているのに周囲に評価されない、など空回りしやすくなり、そのストレスからまた衝動買いを続けていく、という終わりのないマイナススパイラルに迷いこむこともあります。

〝今日着ていきたい服〟をすぐに選べますか？

洋服は自分を表現するための大切なアイテムです。

整理されたクローゼットからは、インスピレーションがわきやすくなります。

その日いちばん自分に似合う服、着て出かけるとラッキーを呼ぶ服が、パッと見た瞬間に選べるようになるのです。

逆に、ごちゃごちゃしたクローゼットでは、自分を引き立てる服を選べません。それは、汚れたクローゼットのマイナスエネルギーが、判断を鈍らせているからです。

おしゃれな人とは、服をたくさん持っている人のことではなく、**自分に似合う服で魅力を引き立てるコーディネートができる人**のこと。

ひと目でどういうものが何着あるのかが明確になっていれば、いつも正しい判断ができるようになります。

また、買い物をするときも似たようなものを買ってしまうという失敗が起こりません。

洋服を捨てると、迷いがすっきり消える

女性にとって、「捨てる」決断がむずかしい洋服ですが、いったん実行に移すと想像以上の変化が訪れます。

なかでも、いちばん多いのが「古い恋を捨てて、新しい恋を手に入れた」という反響です。

何が好きで、何が嫌いか——自分ではわかっているつもりでも、忙しい毎日の中で我慢や無理を重ねていると、曖昧《あいまい》になっているのです。

古い洋服を捨て、本当に必要なものだけを残していくと、だんだん自分自身が理解できるようになってきます。

やがて自分に似合う服はどれか、ということが明確になるので、ますますクローゼットはすっきりと整います。

整頓が終わる頃には、プライベートや仕事、家庭で抱えていた悩みもはっきりと目の前に現われ、それに対する答えまで見つかるのです。

「捨てる」作業は、最初の一歩がむずかしいだけ。

やりはじめれば、どんどん進められます。

知人のある女性がおもしろいことを言っていました。

「ネガティブなときに買った服は、いつまでたっても好きにならない。だから結局着なくなる」と。彼女は、1年着なかった服は〝消費期限切れ〟と決め、きっぱり捨てるといいます。

もったいないと思うより、期限の切れた服を着てパワーダウンするのが嫌なのだそうです。

このように自分なりの**「捨てる基準」**を設けるのはとてもいいことです。

そして一度決めたら、よけいなことは考えないこと。

最初はクローゼットのどこか一カ所、手をつけるのでもいいのです。

「今日は古い下着を捨てる」「ストッキングを捨てる」など、小さなものから始めるのもいいでしょう。

そうじをしながら「もったいない」「無駄遣いだった」と自覚すれば、次からは衝動買いもしなくなるはずです。

清潔な洋服を着ると、運気が上がる！

クローゼットの仕上げは、**洋服のメンテナンス**です。

古い汚れやシミ、シワはないか。

縫い目や裾上げのほころびや穴はあいていないか。

ハンカチやスラックスはアイロンがかかっているか。

ボタンは取れていないか。

毛玉はついていないか……。

定期的にクローゼットに収まっている洋服をチェックしましょう。

洋服を清潔に保つことは、**相手に対する礼儀であり、おもてなし**でもあります。

相手を不快にさせない気配りは、好印象を与え信頼を得られるようになります。

見えないオーラとなって相手に伝わり、対人関係がスムーズになっていくのです。

人間関係はおのずと良好になっていくことでしょう。

口ではどんなに立派なことを言っていても、服装が不潔でだらしがなければ、今ひとつ信用できないところがあります。

逆に、会うたびに、いつも清潔な服装を心がけている人と会うと、明るく元気になりますし、この人ならと自然と信用してしまうところがあります。

また、きちんと手入れされた清潔な服を着ていれば、身も心も引き締まります。

背筋が伸び、姿勢や歩き方もよくなり、言葉遣いも変わっていくでしょう。

長く続けていくことで、品性が身につき、あなたの人格も向上していきます。

洋服がメンテナンスされ、清潔できちんと整理されたクローゼットに収納されることによって、人間関係における運気は自然に上がってくるのです。

本棚

知性を磨くいちばんの近道

読まない本をため込んでいませんか？

本棚、もしくは本を置いているスペースが汚れていたら、要注意。

いつからか、あなたの成長が止まっているかもしれません。

本というのは新しい知識を得、教養を深め、想像力を発展させられる素晴らしいものです。

読書を通じて心を潤し、穏やかな時間を持つのは、人生の豊かな過ごし方のひとつでしょう。

ですから、本が好きであればあるほど、本棚はきれいに保つ必要があります。

本棚があふれかえっていたり、何年も触っていない本の上にホコリがいっぱいたまっているのは、本をきちんと活用できていない証拠。

本は保存しておくものでなく、そこに書かれている情報や世界を消化して、自分の中に取り入れるべきものです。

それがまるで観賞用になっていたり、そこにあることすら忘れているのであれば、古い考えのまま成長が止まっているのと同じことです。

また、知的コンプレックスがある人ほど、本をため込む傾向があります。

でも、自分への勲章のように、「これだけ本があるから賢い」と飾っておいても意味はありません。

頭でっかちの本棚から引きしまったシャープな本棚に！

知性を磨く本棚にするポイントは二つあります。

一つめは**「スペースに合わせて保有する」**こと。

本棚という限られたスペースに見合うだけの量を持つのが原則です。100冊しか置けないのであれば、それに合わせてつねにリノベーションをかけていきましょう。

1冊新しい本を買ったら、1冊捨てる。

そんな小さな習慣をつけることが大切です。

二つめは**「定期的に本を動かす」**こと。

1カ月に一度、できなければ3カ月に一度でもいいから、本の場所を入れ替えましょう。何年も手にしてない本が1冊もないように心がけてください。

情報は自分で使ってこそ意味があります。

必要のないもの、役目の終わったものは排除して、新しく自分の栄養となる本でいっぱいにしましょう。

頭でっかちの本棚よりも、引きしまったシャープな本棚こそが、あなたの知性をグレードアップさせてくれます。

窓・ベランダ・庭

大切な人との距離が縮まる！

窓の汚れは〝プチうつ〟の原因に

私のセミナーに訪れたYさんは「最近、人と会うのもおっくうで、何に対してもやる気が出ないんです」と浮かない顔。

そこで「窓はきれいにしていますか？」と尋ねると、ひとり暮らしを始めて2年、そうじはおろか、開けることすらほとんどないといいます。

彼女の場合、ワンルームにある唯一の窓が隣の建物と近すぎて、開けると隣の部屋から丸見えという状況にあったため、窓を開けられなかったそうです。

人との接触を避けたがる、気分が落ち込みやすい、体のだるさがとれにくい……という人の多くは、窓の汚れに原因があります。

窓は唯一、部屋の中から外が見える場所ですし、外界との接点でもあります。

そんな窓のガラスや網戸が汚れたまま、ベランダもゴミだらけという状態だと、外へ目を向けることをだんだんと避けるようになります。

しだいに部屋にこもりやすくなり、会社や学校へも行きたくない、友達の誘いも断る、誰とも話したくない、とマイナスエネルギーに包まれた状態になっていくのです。

最近増えているという「プチうつ」の症状でもあるので、思い当たる人はぜひ自分の部屋の窓をチェックしてみてください。

犯罪者が狙うのは、汚れたベランダ!?

ベランダや庭の状態は、他人の目にも入るもの。

汚れていれば、当然その汚れが目にとまります。もしそれが犯罪者の目に入ったとしたら、とんでもないトラブルに発展する可能性があるのです。

以前、テレビレポーターの東海林《しょうじ》のり子さんが、犯罪が起きたマンションに行くと、外側から見ただけでどの部屋で事件が起こったかわかると話していました。

現場は必ずベランダがいちばん汚れた家だというのです。

ほかにも、泥棒や詐欺師は、庭やベランダに干してある洗濯物の様子や、植木の枯れ具合などを見て狙いを定めると聞いたことがあります。

なぜなのでしょうか？

それは**ベランダや庭が、その家に住む人を表わす顔**だからです。

人はきれいな場所を汚すことに抵抗を覚えます。だから、犯罪者は最初から汚れているところを狙うのです。

つまり、**汚れはトラブルを招く**ということ。これは断言できます。

マイナスは、さらなるマイナスを呼ぶことを、どうか肝に銘じておいてください。

きれいな窓の家には良縁が集まる！

窓やベランダ、庭は外部とエネルギーの交換をしている場所。つねに換気をして窓ガラスをピカピカに磨き上げ、新鮮なプラスエネルギーを部屋の中にたくさん取り込みましょう。

まず内側ですが、濡れたぞうきんで拭いたあと、から拭きをします。もちろん、ガラスクリーナーを使ってもいいでしょう。

次に、結露がたまりやすい角にカビがないかどうかも、注意してください。

また、サッシレールにも泥やホコリがたまりやすいので、固めのブラシや掃除機で吸い取り、水拭きで仕上げます。

外側はスポンジやぞうきんで濡らし、雨水や排気ガス、泥などの汚れを取りのぞきます。このとき、「スクイジー」という、T字型で水平部分にゴムがついている専用アイテムを使うと、より簡単にきれいにできます。

窓が終わったら、ベランダに置いている不用品は捨て、枯れた植物などがあれば、それも処分しましょう。庭がある場合も同様です。


そして最後にカーテンです。

レースがいつの間にか黒ずんできていませんか？

きれいに洗濯をして漂白すれば、見違えるほど明るい窓辺になるはずです。

厚手のカーテンも忘れずに、長年のホコリや汚れから解放してあげてください。


こうして窓をきれいにすると、朝から気持ちが明るくなります。

冒頭で紹介したA子さんも、窓とカーテンをそうじしてから、毎朝窓を開けるようになり、同時に気持ちまで前向きになったそうです。

友達の誘いに積極的に乗るようになり、ついに彼までできた、とはずむような笑顔で話してくれました。

きれいな窓は良縁を呼びます。

恋の相手が欲しい、友達が欲しい、素敵なパートナーが欲しいなら、すぐにそうじを始めてみてください。

子ども部屋

子どもの才能を伸ばしたい人に

学力も思考力も部屋の状態しだい!?

家の中で子どもが親から離れる場所が、子ども部屋です。

子どもは自分の部屋という空間の中で、自立心を持ちはじめますが、モノが散乱していたり、部屋中が汚れていると、思考力が落ち、落ち着きがなくなります。

ある塾の先生に聞いた話によると、自分の部屋が汚れている子どもは決まって学力が下がるそうです。

子どもは親の姿を見て育つといいます。

子ども部屋が汚れている家は、きっとほかの場所も汚れているのではないでしょうか。


子どもだけに「そうじをしなさい」というのは間違いです。

まずは、親がお手本となってあげましょう。

「部屋をそうじするといいことがいっぱいある！」

そうじが嫌いな人は、子どもの頃のネガティブなイメージが根底にあります。

親がそうじを強要したり、命令したりすることによって、子どもは「そうじは嫌なこと」「面倒なこと」と感じ、やがて潜在意識に植えつけられてしまうのです。


あなたが親なら、命令するより「なぜ、そうじをするのか」という必要性をしっかり教えながら、やり方を見せていきましょう。

「そうじをすると気持ちがいいね」

「整理をすると、勉強がスムーズに進むよ」

「片づいた部屋は広く使えるから、遊びやすいでしょう」

など、できるだけ楽しいイメージに結びつけて、まずは親が愛情を込めてそうじをするのです。

すると、愛情がたくさんこもったプラスの磁場ができ上がります。

そうした空間では子どもは安心できるので、のびのびと成長していけるようになります。


ちなみにわが家の上の娘には、5～6歳頃からそうじを教えましたが、すぐにそうじが大好きになりました。

たとえば、おもちゃを定期的に要らないものと要るものに分けて、要らないものを捨てるようにしたら、驚くほどの集中力でスパスパと決めていくのです。

自分でそうじをするようになってからは、集中力のほかに決断力や判断力もついていきました。

そうして娘が要らないものを捨てたら、必ず新しい絵本やおもちゃをひとつ買ってあげることにしていました。

娘は**「部屋の中をきれいにすると、いいことがいっぱいある」**とわかったので、イベント気分で楽しめたのだと思います。

人生においても何かを捨てると、必ず新しい何かを手にできます。この**〝人生のルール〟**のようなものを、実体験を通して身につけられたら、必ず強みになります。


そうじは楽しい。

これはもちろん大人にもいえることですから、子どもと一緒に楽しみながら実践してみてください。

第3章

運が10倍速くよくなる「そうじテクニック」

やるなら、
最も効果的なやり方で！

あなたの夢をかなえる「二つのそうじ力」

前述したように、そうじ力には、

①積極的に汚れを取りのぞくことによって、マイナスのエネルギーを排除し、問題を解決する**「マイナスを取りのぞくそうじ力」**

②「マイナスを取りのぞくそうじ力」を土台として、さらに積極的に目的を持ったプラスエネルギーを加えて、強力によきものを引きよせる**「プラスを引きよせるそうじ力」**

この二つがあります。

頭では理解できても、実際どういうふうにやればいいのか、つかみにくいと思いますので、これから詳しく紹介していくことにしましょう。

また、そうじ、とひと言でいっても、やり方しだいでその成果には大きな差が生まれます。どうせやるなら、「マイナスエネルギーがどんどんなくなり、プラスエネルギーをどんどん引きよせる」やり方で行なったほうがいいに決まっています。

「それができれば苦労しないわ」という声が聞こえてきそうですね。

そう、「できれば」苦労しません。

「そうじをしよう！」という、あなたの決意を阻《はば》むものは何なのか。

それを一つひとつ明らかにしつつ、そうじのプロとして長年経験を積んできた私のとっておきの方法を紹介します。

どれも一つひとつは簡単ですから、身につけてしまえば一生使えるやり方です。

一度のそうじで10倍の威力を発揮するそうじ力を、ぜひあなたも体感してみてください。

そうじをさせないためのワナがある!?

具体的なそうじ方法に入る前に、なぜそうじがなかなかできないのかについて説明します。これは「そうじ力」を実践するうえでの基礎的な部分ですから、準備運動のつもりで読んでみてください。

最近、多くの方に実践いただいているそうじ力ですが、同時にこんな話もよく耳にします。

本を読んで、「やるぞー!」という気力がわき、さっそく服があふれだしそうなクローゼットに取りかかった。

古い服を捨てようと分別しはじめたところで、ひと休みしようとリビングに行ったら、雑誌の山が目に入る。

これもなんとかしなきゃと手をつけたら、いつの間にか読みふけってしまった。

気を取り直そうとトイレに入ったら、便器の汚れが気になりはじめて、汚れを落としはじめた。

でも落としきれずに、トイレの外に出たら次は洗面所が目に入って……。

そうしてあちこち手をつけた結果、結局どこもかしこも、そうじ前よりもひどい状態になってしまった……。


人の失敗談として聞けば、笑い話かもしれません。

でも、これは誰もが陥る危険があるパターンなのです。

これは、「そうじをしよう、悪いものを取りのぞこう」という前向きな行動に対する**〝マイナスエネルギーの抵抗〟**です。

そうじの最初に仕掛けられるワナといってもいいでしょう。

何かを成功させるときには、**集中すること**が必要です。

仕事の場合も、取りかかろうとしているときに電話がかかってきたり、関係のない話を持ちかけられたりすると、イライラしてきて能率が落ちることになるでしょう。

そうじも同じこと。

もしこんな目に遭いそうになったら、それはあなたが悪いのではなく、ワナを仕かけられたと思ってください。

マイナススパイラルとはそういうものだ、ということを、ここでしっかり理解しておきましょう。

「優先順位」と「絞り込み」——最初の1歩は狭くて簡単な場所から！

そうじのプロは訪問先に着くと、まず**そうじをする順番**を決めます。

一般家庭の場合、①トイレ②キッチン③バスルーム④リビング……という具合です。

大まかな場所の順序を決めたら、次は**「絞り込み」**です。

最初に取りかかるのがトイレなら、トイレの中の換気扇、照明、棚、壁、便器、タンク、床、ドアとそうじする箇所に細分化し、まずは換気扇と絞り込んでいきます。

優先順位を決める↓絞り込む↓取りかかる、という一連の流れは、仕事の能率を上げるいちばんの方法です。

そうじはなるべく狭くて簡単な場所から始めるのがコツなので、最初に取りかかるのはトイレや洗面所がおすすめです。

絞り込みができれば、それだけ成果を上げやすくなります。

また、「今日はトイレの照明だけやろう」とか、「洗面所の鏡をまずピカピカにしよう」でもOK。

最初の1歩は小さいほうがいいのです。

小さな達成感を積み重ねることで自信が生まれ、やがてリビングなどの広い場所や、キッチンの換気扇といった大物に取りかかるパワーとなります。

ほかにも、**モノに絞り込む**方法もあります。

鍋、電子レンジ、蛇口など、1カ所でも徹底的にきれいにすれば、とても気持ちよく感じられます。

きれいなものはプラスのエネルギーを発しますから、次は二つ、三つとこなせる数が増えてくるのです。

そして、家の中にプラスのエネルギーを発するものが少しずつ増えていくイメージで取り組むのがおすすめです。

まずは家の中にある場所やモノをリストにして、優先順位を決めてください。

そして、絞り込みで最初に取りかかるものをひとつ決めましょう。

すでに、第1章で**「換気」**と**「捨てる」**という「マイナスを取りのぞくそうじ力」の基本は説明しました。

ここからは、その仕上げとして**「汚れ取り」「整理整頓」「炒り塩」**のやり方を紹介していきます。

そうじ力　実践1――「汚れ取り」

効果はまさに劇的！　どんな問題も即解決！

カビや汚れなどはマイナスのエネルギーを発しています。
「汚れ取り」で、そんなマイナスを取りのぞきましょう。

ためしに、テーブルの上でも、床でも、キッチンのシンクでもいいですから1カ所決めて拭いてみてください。

いかがですか？
実際に、この方法を私の知り合いの主婦や会社員の方に実践してもらったところ、みなさん「疲れがとれてさっぱりとした」とおっしゃいました。

汚れ取りをしていると、心に不思議な作用が起こります。

最初はイライラしながらやっていても、しだいに無心に汚れと格闘するようになり、やがて**部屋がきれいになる頃には心まで磨き上げられている**のです。

さらには、汚れと向き合っているうちに、自分自身が抱える問題点がクリアになってきて、それを解決する方法までわかるようになります。

私はいくつかの会社のコンサルタントもしています。

ある会社では、社長さんにまず、トイレのそうじをしてもらいました。

最初は、なぜ自分が？　と、ワケがわからない様子でしたが、不承不承そうじをしているうちに、会社の業績を落としている原因が自分にあると、ハッと気づいたそうです。

「近頃は社員に感謝の気持ちを抱かず、文句ばかり言っている。彼らの覇気を下げているのは自分自身じゃないか。気持ちを新たにして、社員と信頼関係を深め、一からやり直そう」

そう思ってからは、積極的に毎朝トイレそうじを続けたそうです。

すると、徐々に社内の風通しがよくなり、社員たちとのコミュニケーションが増え、みんなからの提案にも素直に耳を傾けられるようになったといいます。

自然と社内の雰囲気もよくなり、業績も上がり、会社も発展しました。

人間、何かストレスを抱えていても、それを解消するのはなかなかむずかしいもの。

そういうときこそ、そうじです。

物理的に汚れを取ることで、自然と心の汚れも取れていくのです。

ストレスの原因となる問題をリセットするイメージを持って、汚れ取りをやってみてください。

必ず何かが変わるはずです。

これまでの〝常識〟をいったん捨ててください

そうじにはいくつか約束ごとがあります。

基本的なことばかりですが、そうじのプロは必ずこの約束ごとを忠実に守っています。ここではそれを順を追って説明していきましょう。

1 そうじ道具を用意する

拭きそうじ、掃きそうじ、汚れ落としなど、何をするかによって用意する道具も変わります。

やりはじめてから道具が足りないというようなことになると、やる気がそこでストップしてしまいますから、最初に揃えておきましょう。

2 そうじの順序は「上から下」

壁に洗剤を吹きつけて拭きとる。そのときに下から拭いていたら、上から汚れを含んだ洗剤がどんどん落ちてきて、いっこうにきれいになりません。

同様に、リビングなどでも天井や照明から始め、壁、棚や置物、ドア、床……という順番でそうじをしていきましょう。

3 汚れに応じた洗剤を使う

これは、ラクにそうじをするための重要なポイントです。

一般の方は、自分の家にある適当な洗剤をつけて、力まかせにこすったり、拭いたりしてしまいます。

だから、そうじは大変、そうじは疲れるというイメージになるのです。

汚れに応じた洗剤を使えば、力も時間もかかりません。上手に選べば、そうじはとってもラクチンだと感じることができるはずです。

詳しくは、このあと説明する「汚れ取りのテクニック」（134ページ参照）を読んで参考にしてください。

4 きれいな場所はそうじをしない

そうじをしようと思い立つと、なぜかきれいなところまで手をつけようとしがちです。
でも、それでは時間の無駄。
ほかにもっとやるべきところがあるはずです。
どこが汚れているのか、きちんと見きわめる目を持ちましょう。
この4つのポイントを守って、次に紹介するそうじ法を実践してください！

「汚れ取り」のテクニック——“力まかせ”は逆効果

1 汚れを落とす

ガンコな汚れを見るとそうじをする気力が失せる、という人も多いでしょう。

しかし、汚れの落とし方をきちんと理解しさえすれば、驚くほど簡単にきれいにできるようになるのです。

汚れは、**「力」と「時間」と「温度」と「洗剤」**という４つのエッセンスで落としていきます。

これは「洗剤のクリーニング理論」という考え方に基づいた方法ですが、この４つの中でもっとも小さくしたいのが「力」です。

多くの方は、洗剤をつけたらすぐに力まかせにこすったりするので、力がもっとも必要になります。すると、そうじは疲れる作業になってしまうのです。

洗剤は性質上、40度前後のぬるま湯を使うことで洗浄力が2倍になります。それは汚れの中に浸透しやすい温度だからです。

また、ぬるま湯を使って洗剤を汚れに付着させたら、しばらく時間を置く。こうすることで、汚れ落としの労力は今までの半分以下になります。

そして、汚れを拭きとるときは、少し力を入れて一気にやるのがベスト。何度もこすっていると、汚れの再付着が起きて、かえって汚くなることがあるのでやめましょう。

セミナーにいらっしゃる方の中には、洗剤の種類がよくわからないという方も多いようですので、ここで簡単に説明をしておきます。

①中性洗剤――キッチン用の洗剤。窓ガラスなどにも使える
②アルカリ洗剤――主に、油汚れに使う
③酸性洗剤――トイレやカビなどに対して使う

さらに、私が家庭でよく使っているのが重曹《じゅうそう》です。体にも優しいので、家のあちこちに利用しています。

たとえば壁や窓ガラスの汚れが気になったら、ぞうきんを軽く湿らせて重曹をなじませます。そして壁の上から下に向かって一気に拭いていくと、汚れがすっきり落ちます。

窓ガラスは仕上げに新聞紙で拭くのもおすすめです。

カーペットに汚れがついている場合は、その部分に直接重曹を振りかけてなじませ、しばらく放置。最後は掃除機で吸い取ってください。

換気扇や便座など、ドライバー1本で分解できるものは、できるだけ外して洗うのもポイントです。

最初は少し手間がかかりますが、一度やっておけば、次からのそうじが思った以上にラクになります。

2 拭く

拭きそうじに必要な道具は、**ぞうきん2枚**です。

通常、1枚で行なっている人が多いと思いますが、プロの基本は**右手（利き手）に濡れぞうきん、左手に乾いたぞうきんの二刀流。**

濡れぞうきんで拭くと、あとが残りやすく、そこにホコリがくっつきます。

すると、光が当たったときに汚く見えてしまうので、濡れぞうきんのあとにはすぐ、から拭きをするのがベストなのです。

このひと手間だけで、いっそう美しい仕上がりになりますし、ホコリもつきにくくなります。

また、拭く順番も大切な要素です。

プロは基本的に**左端から始め、時計回り**にそうじをしていきます。
これは掃く場合も同様です。
いちばん大事なのは、くるくると丸く拭くような行き当たりばったりのやり方ではなく、規則正しく拭くという点です。

掃除機の場合は最後の仕上げとして、まわりをやるときにノズルを替えて小さなホコリまで吸い取りましょう。

また、掃除機をかける前は動かせる家具を移動させておきましょう。

START
左から時計回りだよ
濡れぞうきん
乾いたぞうきん

3 磨く

もともと光を放つものは、光らせておきましょう。

鏡、ガラス、金属などは、磨いてこそ本来の輝きが戻るもの。くもりを残しておいたら、運気もよどんでしまいます。


汚れを落としたら、必ずから拭きをしましょう。新品のような輝きが戻ります。

化学ぞうきんがあれば、いつも鏡などの近くに常備しておき、汚れたらサササッと磨くクセをつけるといいでしょう。

そうじ力　実践2――「整理整頓」

整理整頓で目的達成が断然早くなる理由

不要なものを思い切って捨て、汚れ取りも終わった清潔な部屋には、本当に必要なものだけが残りました。

さあ、最後の仕上げは**整理整頓**です。

モノを「あるべきところに、あらしめる」のが整頓。

そして整頓とは、目的をスピーディーに達成させるために行なうのです。

宅配便が届いたときに、印鑑を探すのに何分もかかった。

これでは、品物が届いたよころびよりも、なんだか疲れが先に立ちますし、あちこち引っかきまわすのでよけいに散らかります。

モノが乱雑に置かれていたり、整頓されていないと、何かを探すにつけて「時間のロス」につながるのです。

もしそれが、一刻を争うビジネスの場で起こったら……？

だから、**成功者はみんな、整頓上手**なのです。

一見たいしたことはないと思われる小さな時間のロスも、積み重なれば、とてつもない無駄な時間になります。

ここで、整頓をするコツをお教えします。

目の前に行き場所不明のものがあったら、次のように問いかけてみてください。

——あなたはなぜ、ここにいるのですか？

醤油さしだったら、

「私は醤油さしだから食卓にいたいです。使われていないときはキッチンの棚の中にいたいです」

——外じゃダメですか？

「外だと油が飛んできて、頭がベトベトになるからいやなんです」

——だったら、やっぱりキッチンの棚の中がベストですね。


このように、モノにコーチングをする感覚で問いかけをしていくと、それらが本来置かれているべき場所が、おのずと決まってきます。

また、引き出しなど、スペース全体を整頓するときは、何を収納する場所なのかをまず決めましょう。

薬箱には薬を集める、ジュエリー箱には貴金属を集める。

こうして経験を積んでいくことで、誰でも整頓の技術は上がっていきます。

そして、どうしても行き場が決まらないものが最後に残ったとしたら、「何でも箱」に一度集合させてください。

一つひとつにもう一度問いかけて、それらが本来あるべき場所を探して、入れてあげましょう。

そうじ力　実践3――「炒り塩」

まるで別世界！　居心地が格段によくなります

いよいよ、そうじがすべて完了しました。
部屋はすっきりと整理整頓され、汚れもなくなりました。
でも……いまいち気分がモヤモヤしている――そんなことも、ときにはあります。
それは、部屋のどこかにマイナスエネルギーが残っている証拠。
こんなときは**「炒《い》り塩」**を試してください。

塩は、神聖な働きを持つ物質です。
葬式のあとは、家に入る前に塩をまきますし、風水で家相が悪いと盛り塩などをして、邪気を祓《はら》います。

この炒り塩にも、まさにそんな**「お清め」**の効果があります。

やり方は簡単です。

まず自然塩（必ず自然のものを使用）をフライパンで2分ほどから炒りをして、水分を飛ばします。少し冷ましたら、部屋の隅々にまいて10分以上放置してください。

最後に、掃除機で吸い取ります。

水まわりで行なう場合は、同様に炒った塩をまいて、水で流してください。


カラカラに炒った塩には、**部屋の湿気をとると同時に、部屋に残留しているマイナスエネルギーを吸い取る働き**があります。

この方法を実践した方は、「すっきり感が違う」「部屋の空気が澄んだように感じる」と言います。1回でも効果がありますが、すっきりしないと思ったら、2～3回くり返してみましょう。

これであなたの部屋は、マイナスエネルギーのない、プラスに満ちた空間に生まれ変わります。

部屋をプラスエネルギーで満たす「炒り塩」のやり方

❶

自然塩を
フライパンに入れ、
2分ほどから炒りして、
水分を飛ばす

❷

部屋の隅々に
まいて、
10分以上
放置する

❸

掃除機で吸い取る

すっきりしなかったら、①〜③を2〜3回くり返す。

いいことがどんどん起こる "プラス"を引きよせる「そうじ力」三つのステップ

モノを捨て、汚れを取り、整理整頓された部屋には不思議なパワーがあります。その場にいるだけで、心がすっきりした感じがある。体が軽い、そんなふうにおっしゃる方もいます。

マイナスを取りのぞいた部屋で実践していただきたいのは、**「プラスを引きよせるそうじ力」**です。マイナスが取りのぞかれたあなたは、運勢もフラットな状態。ゼロポイントです。

部屋が汚いままでいくら努力したところで、今以上の繁栄は望めません。この、マイナスからゼロになった時点が、夢や願望を実現するための土台となるのです。

理論はわからなくとも、マイナスが取りのぞかれると、体の内側から、やる気がふつふつとわいてくるはずです。

その証拠に、**きちんと整理された部屋では、立ち居振る舞いまで変わります**。姿勢がよくなり、前向きな気持ちになるのです。

家の中だけではありません。

外を歩いていてゴミが落ちていれば拾いたくなるし、仕事にしても自分から積極的に行動できるようになっているのです。

夢をかなえるにはこの「プラスを引きよせるそうじ力」が不可欠です。

願望別「そうじ力」の実践方法は第5章で述べますが、まずは、すべての願望実現の基本となる空間づくりのコツを紹介しておきます。

ステップ1　「呼吸法」で心と磁場をフラットに

人の出入りや汚れの影響で、そうじ前の部屋はざわついた状態です。そうじを始める前に、これから説明する呼吸法で心と部屋の磁場をフラットに整え、落ち着かせましょう。

①口からゆっくりと息を吐く。少しずつ長く吐くことを意識して、お腹の中の空気を全部出し切りましょう。
②鼻からゆっくりと息を吸いこむ。だんだんとお腹がふくらむのを感じながら、腹式呼吸をくり返します。

最初はこれを10回行ないます。慣れてきたら20回。

‖ 心を落ち着かせる呼吸法 ‖

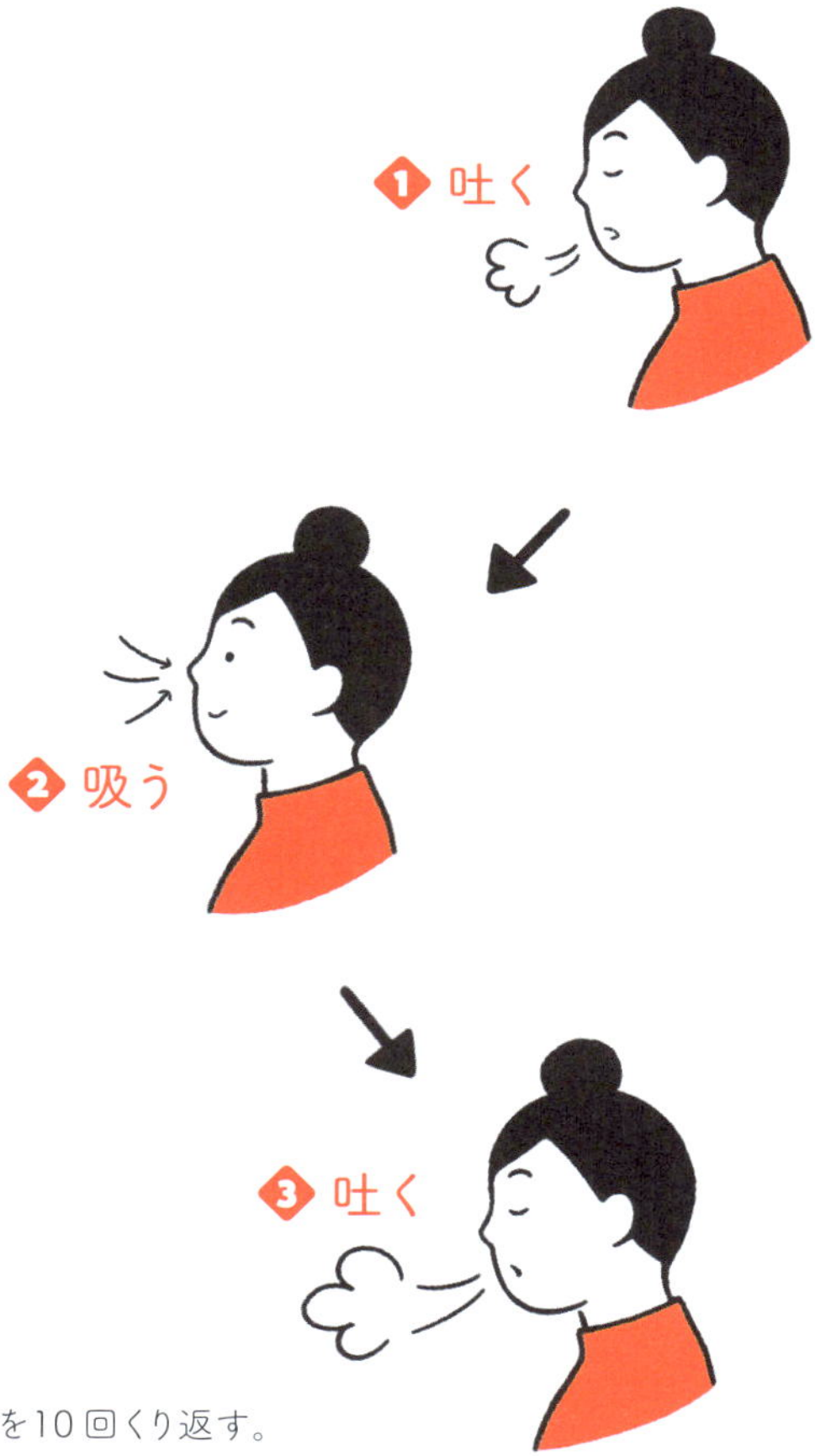

①〜③を10回くり返す。
慣れてきたら20回！

この呼吸法のあとは、徐々に普通の呼吸に戻してください。

最近はセミナーも、この呼吸法をやってから始めていますが、いらっしゃるみなさんが口をそろえて、「目の前がすっきりしてきた」「落ち着く」「よけいな力が抜けた」と言います。

腹式呼吸を行なうと、体内に取り込む酸素の量が増えて血流がよくなるので、何もしていなくても、なんとなく体がポカポカしてきます。

体力も使うので、疲れにくい体をつくるという点からも、とても効果的です。

ステップ2 「ありがとう」を口グセにして〝うれしい奇跡〟を起こす

マイナスを取りのぞき、リセットしたあなたの部屋に、感謝というプラスの磁場＝〝ありがとう空間〟をつくりましょう。

「ありがとう」という言葉は「有り難し」が語源です。

つまり「有り得ないことが起こった！」という奇跡的な思いが込められているのです。

思えば、人の誕生も人知を超えた「有り難き」もの。そう考えれば、生かされていることに対する感謝の言葉ともいえます。

そんな「ありがとう」は、まるでプラスを呼ぶ呪文。

誰か感謝を伝えたい人を思い浮かべながら、拭きそうじをしてみましょう。

夫や妻に「いつも支えてくれてありがとう」。
友人に「仲よくしてくれてありがとう」。
子どもに「笑顔をたくさん見せてくれてありがとう」。
上司に「仕事でご指導いただき、感謝しています」。

最初は気恥ずかしさもあり、うまくできないかもしれません。そんなときは、ただ呪文を唱えるつもりで「ありがとう」をくり返してみてください。
そのうち、実感が伴ってきて、心からの感謝の気持ちが芽生えます。

ステップ3　この「拭き方」でいいことをどんどん引きよせる！

呼吸法で磁場を整え、感謝の気持ちもわいてきたら、ゆっくりとぞうきんで拭いていきます。

せっかくですから、いいことをどんどん引きよせる拭き方を紹介しましょう。

やり方はいたってシンプル。

これから説明する3つのステップを踏めばいいのです。

①タテに拭く
②ヨコに拭く
③まわりを一周拭く

そのとき、同じところは何度も往復させず、**〝一気に一方通行〟**が鉄則です。

そして、少しずらしながら前に拭いた箇所に重なるようにしましょう。

そうすると一方通行の拭き方でも、同じ場所を2回拭いたことになり、かなりすっきり仕上がります。

この拭きそうじを続けると、部屋の中には〝ありがとう空間〟ができ上がります。

掃きそうじをするときも、磁場を整える拭き方と同じように行なってください。

タテ、ヨコ、まわりを1周という順番で、掃除機をかけたり、ホウキで掃いたりしていきます。


私はいつもこのやり方で家中を拭いていますが、実行しはじめてからは、新たな起業、セミナーの開催、本の出版、思った以上の経済的発展……と、いいこと尽くし。

この効果には太鼓判を押します。

理屈は抜きにして、まずは騙されたと思って拭いてみてください。

必ずいいことが起こります。

‖ 磁場を整える拭き方 ‖

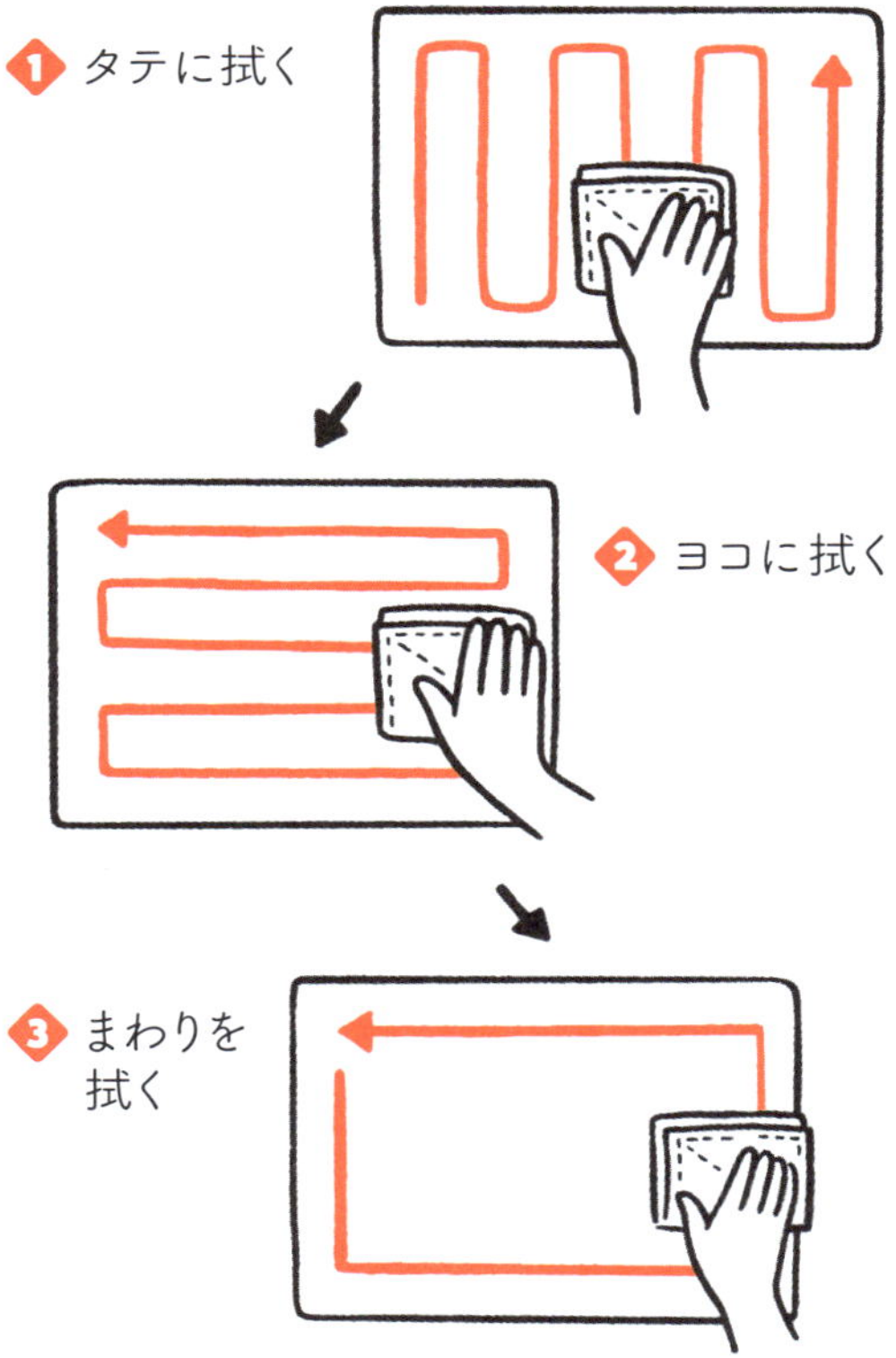

感謝しない人のまわりからは、人が去っていきます。
感謝しない人には、お金が入ってこなくなります。
感謝しない人は、孤独になります……。

すべての幸運は、感謝の気持ちがつくるのです。
あなたの部屋も「ありがとう」というプラスのエネルギーでいっぱいにしてください！

第4章

さあ、今日から
覚悟を決めて3日間!

必ずうれしい変化を
約束します

このワナに引っかかってはいけません！

あなたは〝持続力〟がありますか？

こんな質問をされて、「あります」と答える人はごくわずかでしょう。

たいていは、「私は三日坊主なので続きません」というような答えが返ってきます。

今ではすっかり飽きっぽい人の代名詞となっている「三日坊主」は、もともとは仏教からきている言葉です。

仏教には出家制度というものがありますが、これは今でいえば、会社も辞め、家族からも離れ、すべてを捨てて仏門に入ること。

俗世間で起こるさまざまなことに嫌気がさし、逃げ込むような形で頭も剃《そ》って仏の道に入ってはみたものの、家庭や社会で生きること以上に修行の道は厳しく、断念して俗世間に戻る人も多いといいます。

そんな人が根を上げるのがだいたい3日なので、「3日しかもたない坊主」という意味で使われるようになりました。


しかし、じつはもうひとつ「三日坊主」の由来があるのです。

仏教の「集中の原理」として説かれている三日坊主とは、1日目で教学を諳《そら》んじ（暗記する）、2日目で教学を体得し、3日目で教学を実践すること。

つまり、**3日間で集中して悟りを得る**、という意味です。

同じ仏教でも、まったく意味合いが対極している二つの説ですね。


通常は、前者の3日間しか続かない人という意味で使われます。

しかし、私は後者の「たった3日でも、集中すれば悟りが開ける」という、とても前向きな説に共感し、「三日坊主プログラム」としてそうじ力に取り入れています。

長続きしないというのは、ほとんどの人に共通する劣等感です。

何に関しても「どうせ続かない」とネガティブにとらえたまま行動に移すから、実際も続かなくなる……。

これは三日坊主のワナです。

「続かない」と思わせるのが、三日坊主の手口であり、常套《じょうとう》手段。

それに引っかからないためにも、最初に熱くなりすぎてはいけません。

私も以前は三日坊主のワナにはまり、数々の失敗をしてきました。

英会話の勧誘にのり、当時の自宅から1時間もかけてスクールに通いはじめたことがあります。

通う前は、「今度こそ英語ペラペラになって、国際的な仕事をしよう！」とかなりの意気込みで、高い授業料のローンを組みました。

しかし、美人講師に教えてもらえると思っていたのに、実際は毛むくじゃらのおじさん講師であったり、思ったように進歩しなかったりと、現実の壁にぶち当たり、挫折してしまったのです。

今ふり返ると、勢いだけで行動してしまった結果だな、と反省しています。

そうじ力も同じですが、何かを成し遂げるには**「計画」**と**「集中」**の二つが必要不可欠。やるぞ、という意気込みだけでは成功しません。


そこで、これから紹介する「三日坊主プログラム」をぜひ実践してみてください。

これはどんな三日坊主さんにも、やり遂げることのできる方法です。

いいえ、三日坊主だからこそ向いている方法といえます。


まずは従来の三日坊主の悪いイメージを捨て去り、**「3日間集中すればできる」**という新しいプラスのイメージを持ちましょう。

たった3日でも集中すれば、必ず成果が上がります。

行動を実践に移しただけでも、確実にプラスになります。

その成功体験は、きっとあなたに自信というごほうびを与えてくれるはずです。

まずは3日間の計画を立ててみる

まずは「何をするのか」を決めます。

「捨てる」「汚れ取り」「整理整頓」の三つは、それぞれまったく異なる作業と考えて、3日間でどれかひとつにテーマを絞ってください。

たとえば、マイナスエネルギーを取りのぞく＝「捨てる」にテーマを決めたとします。そうしたら「どこ」の不用品を捨てるのか決めて、3日間に振り分けましょう。

（例）

1日目　クローゼットの不要な衣類を捨てる

2日目　リビングの雑誌を捨てる

3日目　キッチンと冷蔵庫にある不用品を捨てる

私の「三日坊主プログラム」

日程　＿＿＿＿月＿＿＿＿日～＿＿＿＿月＿＿＿＿日

テーマ　＿＿＿＿＿＿＿＿＿＿＿＿＿＿を実行する
（「捨てる」「汚れ取り」「整理整頓」のうちひとつ）

1日目

＿＿＿＿＿＿＿＿ を ＿＿＿＿

2日目

＿＿＿＿＿＿＿＿ を ＿＿＿＿

3日目

＿＿＿＿＿＿＿＿ を ＿＿＿＿

たとえば……

1日目「クローゼットの不要な衣類」を「捨てる」

2日目「リビングの雑誌」を「捨てる」

3日目「キッチンと冷蔵庫にある不用品」を「捨てる」

もし、1日目の衣類に思った以上に時間がかかったら、すぐに計画変更です。

2日目も引き続き継続して、まずは衣類を終わらせましょう。

そして3日目に、雑誌かキッチンに取りかかればOKです。


三日坊主プログラムは、とてもフレキシブルなもの。この3日間で終わらなかったら、また翌週新たなプログラムを立ち上げて、実行すればいいのです。

大事なのは、**きちんと計画を立てて、ひとつをやり遂げること。**

その経験が、次のそうじに向かう前向きなパワーになるのです。


ではここで、三日坊主プログラムを成功させるための三つの秘訣を伝授しましょう。

1 よけいなことを考えない

そうじは集中することが大切です。

テレビをつけながら取り組んだり、整理している雑誌を読んでしまったりしないようしましょう。

音楽をかけるなら、思考の邪魔にならないリラックスできる曲が最適です。

よけいなことは考えず、無心になって作業に没頭するほど、成果が上がります。

2 がんばりすぎない

そうじは生きている限り、ずっと続くものです。

呼吸をしなければ生きていけないように、そうじも嫌でも一生つき合っていくものなのです。

ですから、最初からパワー全快で挑むより、力を抜いて楽しみながら続けることが大切。

完璧を目指すと疲れてしまいますから、ゆとりを持って8割程度の成功で十分だと思うようにしましょう。

3 週末を上手に利用する

平日、仕事をしている方は週末を利用するのがいいでしょう。

平日のうちに計画を立てておき、土曜日と日曜日に実行するのです。

無理に3日間かけて実行しなくても、2日間だけでもじゅうぶん成果は上がります。もし、土日のどちらかに外出する予定が入っているなら、1日実行するだけでもOK。できなかったところは、翌週末にやりましょう。

集中して実行するということが守れれば、たとえ費やす時間が短くても、あなたの部屋は必ず明るく変わってきます。

三日坊主プログラムで人生が変わった!

三日坊主を何回かくり返していると、そのうちいろいろな変化が起こってきます。

ずっとパートナーがいなかった人に恋人ができた、結婚が決まった。

ふさぎこみがちだった人が前向きになれた、怒りっぽかった人がとても穏やかな顔つきになった。

低迷していた仕事の業績が上がった、子どもの頃からの夢だった仕事に就けた……など、これまでにもいろいろな報告が届きました。

ここでは、「三日坊主プログラム」で実際にうれしい変化が起こった方たちの生の声を紹介しましょう。

人生で〝最大の荷物〟を捨てたら、思いがけないハッピーが！

ＯＬのＮ子さんと会ったのは、北海道のセミナー会場でした。

セミナーが始まる前に「今日は大きいものを捨てようと思ってきました。相談に乗っていただけますか？」と深刻な表情で話しかけてきたので、セミナー終了後、話を聞くことを約束しました。

しかし、セミナーが終わってみると、さっきとは別人のような明るい表情で「もう大丈夫です。先生のお話を聞いたら解決したので」と言います。

なんだか気になった私は、少し突っ込んで話を聞いてみました。

Ｎ子さんには長年おつき合いしている彼がいるのですが、とても頼りなく、結婚する意思も見られないといいます。

それでも情があり、別れを切り出すことができないままズルズルとしていた矢先に、私のセミナーに参加されたそうなのです。

N子さんは、さっそくその翌日から、「彼との思い出のもの」を捨てはじめました。デートのときに着た服、一緒に旅行したときの写真やお土産、思い出が染みついたぬいぐるみや雑貨……。

ついでに部屋の不用品もきれいさっぱり捨てたそうです。

そして捨てはじめた3日目に彼に別れを告げた（N子さん曰く、いちばん〝大きな荷物〟を捨てた）そうです。

「捨てる」を実行した女性は、悩みながらもつき合っていた恋人と別れるパターンが多く見受けられます。

不要なものがなくなると、幸せに対してとてもクリアな感覚が生まれるので、もっといい人を探そうという前向きな行動力が生まれてくるのでしょう。

そして、N子さんですが、後日談があります。

じつは、いきなり別れを切り出された彼は大変驚いたそうです。まさか彼女からそんなことを言われると思っていなかったので、「別れたくない」と承知してくれませんでした。

そして自分のどこかに問題があったかもしれない、と真剣に反省するようになりました。そのうち行動も変わり、2人の結婚に向けてのプランを持ってきたほどだと言います。

N子さんは彼の変貌《へんぼう》を目の当たりにし、今はまたおつき合いを始めて結婚への歩みを踏み出したそうです。

「3日間そうじをしただけで、気持ちがあんなに晴れ晴れするとは思いませんでした。彼と一度は別れたけど、今はいい形でヨリも戻って幸せ。思いがけないほどのハッピーを呼びよせるそうじ力は、これからも続けていきます！」

父親との長年の確執がとけた！

都内に住むMさんは、結婚に向けてお付き合いをしている彼と同居をすることになりました。

Mさんが住んでいる部屋で一緒に暮らすことになるため、彼は事前に三日坊主プログラムに従って荷物を整理整頓したといいます。

その荷物の中に、まだ捨てることも整理することもできない、彼のお父さんの遺品がありました。

じつは、彼は生前の父親と確執があり、とうとう仲直りすることができないまま、永遠の別れをしていました。そして、今回の引越しを機に、長い間ふれることもしなかった遺品を整理しようと思い立ちました。

ずっと段ボールに眠っていた父親の日記や手帳にふれ、それを読み進めていくうちに、「ああ、親父も苦労していたんだな。それなのに全然理解してやろうとしなかったな……」と、だんだん素直な気持ちが生まれ、最後は号泣してしまったそうです。

荷物を整頓し終わる頃には、「親父、ありがとう」と、口にしていたと言います。

そうじをすると、心に抱えていた汚れや荷物もなくなります。

今まで反抗していた親や上司などに対しても嫌な気持ちが消え、代わりに愛情が前面に出てくるのです。

彼らが自分のことを思って叱ってくれた優しさに気づく瞬間でもあります。

そんな感謝の気持ちこそが、幸せへのパスポートなのです。

会いたいと思った人と必ず会える!

都内に住むAさんはフリーのライターです。仕事柄、雑誌や本などの資料が部屋のあちこちに山積みになっていて、ほとんど身動きが取れない状態でした。

そんな状況に息苦しさを感じつつも、「いつか必要になるかも」と捨てることができなかったといいます。

まさに「捨てる」の壁にぶつかっていたのです。

そんな折に私の本を読んで「3日間だけならやってみようかな」と決心し、実行されたそうです。とはいえ、実際には仕事が忙しく、三日坊主はもとより、半日坊主を数日おきにくり返していたといいます。

資料をはじめ、過去の取材ノートや名刺など、ゴミ袋10個を越える大仕事。やっと「捨てる」プログラムを終えて、汚れを取り、続けて整理整頓を終えた頃、不思議なことが起こりはじめました。

なんと、整頓した名刺の中で妙に懐かしいな、と思う人と偶然再会することが何度か続いたそうなのです。

過去の取材で会った人に10年ぶりに再会したり、たまたま駅で見かけたり。これは、うじ前には経験したことのない体験だったといいます。

そして、再会を機に新しい仕事を始めるきっかけを得るなど、チャンスが飛び込んできたそうです。

最近私の元に届く体験談で増えているのが、こういった**〝シンクロニシティ体験〟**です。

部屋の荷物がなくなると、心の感度も上がります。

いわゆる〝第六感〟が冴えてくるのです。

物事や人に対するアンテナが敏感になるので、いい情報がキャッチできるようになったり、いい出会いを引きよせることができるようになるのでしょう。

第5章

「そうじ力」なら、どんな願いも思いのまま！

お金もいらない！
今すぐできる！

部屋を磨くと〝招福のオーラ〟が輝く！

ここまで読んで、「そうじ力」でクリーンになる部屋のエネルギーがいかに大事かということについては、理解していただけたと思います。

このエネルギーは運がいい、悪いといったことにまで作用し、その人の人生を支配していくので、決しておろそかにはできません。

私がこれまで数多くの方々の部屋のクリーニングをしてきた経験から考えると、幸せな成功者やお金持ちの家や部屋は、見事なほどに美しくきれいです。

実際部屋に入っても、どこをそうじすればいいの？　と思ってしまうほどです。

そして、きれいな部屋に住んでいる人は、内面もきれいです。

つまり、心が美しいのです。

「心の美しさ」と「部屋の美しさ」は「ニワトリと卵」のようなもので、どちらが先とはいいがたいのです。

ですから、**きれいになりたい、美しい心を持ちたい、と思ったら、先に部屋をそうじしてしまえばいい**のです。必ず効果があります。

ところで、幸運は人がもたらし、つくり上げるものといえます。

他人に対して「ありがとう」という感謝の心や、人を敬う気持ちがあるか否かで、その後の運のよし悪しが決まるのです。

くり返しますが、汚れた部屋はマイナスエネルギーの巣窟《そうくつ》。それが悪い波動となって人に悪影響を与えます。

そして部屋が汚れているのは、自分を大事にできていない証拠です。

そんな状態で誰かに感謝できるでしょうか？

運の悪さを嘆いたり、それを他人のせいにしてしまったりします。

願いをかなえたいなら、**〝中身から変わろう〟と意識すること。**

中身＝部屋の中をきれいにしていくことで、あなたの内面までもが磨かれ、その美しさがオーラとなって外見に表われてきます。


幸運な人は、誰もが〝福〟のオーラを発しています。

それは、いくら言葉で立派なことをいったり、ファッションやメイクで外見を取りつくろったりしたところで、手に入れることはできません。


プラスの磁場は、より幸福になるためのプラスのパワーを呼び込みます。

すると、ますます福が招かれて集まってきます。

あなたもそんな招福のサークルをつくりましょう。

新しい恋をしたい！

⇩古い下着を捨てましょう

恋は人生に活力を与えてくれます。私にも経験がありますが（もちろん！）、気持ち浮き立ってそれだけで毎日が楽しくなるから不思議です。

そんな恋の始まり、つまり素晴らしい出会いを呼び込むのは、意外にも「下着」なのです。

下着はふだん見えないもの。

それが、なぜ？　と思われるかもしれません。

でも、肌に直接触れる下着は、とても重要なアイテムです。洋服の下に隠れてしまうので、手を抜きがちなものでもありますが、素肌につける下着だからこそ、プラスパワーがあるものを身につけるべきです。

下着のことを「インナージュエリー」といいますが、まさしく女性を彩るジュエリー効果があるのです。

古くなって汚れが沈着していたりレースが破けたりしていていては、身につけていてもいい影響はありません。これを機に思い切って捨て、新しい下着に替えましょう。

ショーツ、ブラジャー、キャミソールなど、すべてが対象です。

またストッキングも伝線しているものはもちろんのこと、小さな穴でも開いていればいい気が逃げてしまうので、捨ててください。

捨てる作業が終わったら、整理整頓です。

下着を入れているケースや引き出しをきれいに拭いてから、きちんとたたんでしまってください。ごちゃごちゃと入れるのではなく、お店に並んでいるように整然と並べると見た目にも美しいと感じることができます。

また、香りは人の潜在意識に呼びかける力があるので、お気に入りのせっけんや香水を染みこませたポプリなどを、下着のケースに入れておくのもいいでしょう。

新しく下着を買うときのポイントは、素材や機能性はもちろん大切ですが、**身につけるだけで毎日が楽しくなるものを選ぶ**こと。

お店で初めて手にとったときのインスピレーションに集中してみてください。「かわいい」「きれい」「つけてみたい」と思えたら合格です。

値段が高いものを買う必要はありません。自分のお気に入りを買うことが重要です。買ってきたらつける前に必ず一度洗濯をして、下着についているいろいろな人の波動をリセットしましょう。

清潔できれいな下着は、身につけるだけではずむような高揚感を与えてくれます。表情が明るくなるだけでなく、気持ちも前向きになってきます。

見えないところのおしゃれが、いつしか外見の美しさとなって表われてくるのです。

幸せな結婚をしたい！

⇩キッチンを磨き、光らせましょう

結婚は愛を育み、育てていくもの。
そして、幸せな結婚の舞台となるのがキッチンです。

私がこれまで見てきた数多くの家の中でも、キッチンが清潔ですっきりと片づき、シンクがピカピカに光っている家庭は、間違いなく家族円満で幸せに満ちています。

幸せな結婚を望むなら、まずキッチンを磨くことからスタートです。

なかでも、汚れ落としは大きな効果があります。
汚れを落とすときには「結婚したい」という思いも、一度洗い流す気持ちを持ってください。自分でも気づかないうちにその思いが執着となり、心の荷物になっていることがあるからです。

ですから、最初の汚れ落としの日だけは、結婚したいという思いに対するしがらみを消す気持ちを持ってください。

特に排水溝の汚れを落とすときは、強く意識してください。

実際にキッチンのそうじ力を体験した女性は、結婚願望が強すぎて、以前、お付き合いしていた男性に「怖い」と言われてしまったことがあるそうです。

でも排水溝の汚れと格闘しているうちに、気持ちがすっとラクになって恋を楽しもうと思えるようになりました。

その後新しい恋をつかんで、1年後には結婚することができました。

汚れがすっきりと落ちたら、次が重要なポイントです。

キッチンまわりのステンレス部分を磨きましょう。

シンクや蛇口、作業台など、ステンレスは多くの箇所に使われています。自分の顔が映るくらいピカピカに光らせてください。

やり方は、重曹と乾いた布を使います。直接ステンレス部分につけて、から拭きをしてください。重曹は台所用の洗剤よりも研磨剤が細かく、ステンレスに傷がつきにくいのでおすすめです。

磨くときは、結婚後の幸せな様子をイメージします。どんな結婚がしたいのか、どうなりたいのかを、できるだけリアルに思い描くといいでしょう。「おいしい食事を作って夫と一緒に食べたい」「いつも笑顔が絶えない食卓にしたい」など、その風景を頭の中に映し出してください。

光を放つキッチンはあなた自身です。

キッチンを磨くことは、あなた自身の輝きを引き出すきっかけになります。毎日輝く自分をイメージしながらそうじ力を実践すれば、いつしか周囲の人が放っておけないほど、素敵なあなたに変わっているはずです。

美しくやせたい!

冷蔵庫の大そうじをしましょう

セミナーなどで質問を受けて気づいたのですが、やせたいと願う女性は思ったより多いようです。私としては、もう十分に素敵だと思うようなスタイルの人でも、もっと細くなりたいという思いがあるのでしょう。

でも、短期間で体重を落とすなど無理をしてしまっては、人を惹きつけるハツラツとした魅力は生まれません。

そうじ力では、健康的にやせるダイエットのお手伝いをします。

ダイエットで注目したいのは、**冷蔵庫**です。

まず中を開いてください。消費期限切れの食品がありませんか?

よくよく見てみると、奥のほうに眠っていることがあるので、見つけたら処分しましょう。

また、デザートのストックが入っていないでしょうか。

ひとつや二つならば、すぐに食べることができますが、ストックとなるとすっかり忘れてしまって、いつまでも冷蔵庫の奥に入っていることがあります。

それらを食べても、あなたはハッピーな気分にはなれません。食べるときに**心から食べたいと思ったものではない**ことが多いからです。

このように食品の整理をしていると、太る原因もはっきり見えてきます。まずはそこをしっかりと認識しましょう。


次に、冷蔵庫内の外せる棚や収納部分はすべて取り外し、きれいに洗いましょう。中は水拭きをして、汚れを落としてください。殺菌効果の高い洗剤を使う場合は、口に入っても無害なタイプを選んで使いましょう。

外側はアルカリ性の洗剤を使って、ホコリや汚れをすべて落とします。

また、電子レンジなど、冷蔵庫の上に何かモノを乗せている人がいますが、それはやめましょう。ホコリがたまりやすく、そうじの妨げにもなります。

ごちゃごちゃしている場所にはマイナスが集まるので、捨てるか、別の場所に収納してください。

冷蔵庫をきれいにすると、体のバランスが整います。

イライラや気力が失せるなど、精神的に悪影響を及ぼすマイナスエネルギーがなくなるので、食べすぎやダラダラ食いをしなくなるのです。

そして、きれいになった冷蔵庫は、**新鮮な食材**でいっぱいにしてください。

出来合いのものを食べるより、自分で楽しく料理をして食べると、体の中からプラスのエネルギーがわいてきます。気持ちも明るくなり、自然と運動量も増えるでしょう。

その結果として消費カロリーが増え、体全体が引きしまってきたと感じるはずです。

パートナーと別れたい!

⇩古い洋服をきっぱり捨てましょう

私のセミナーを受講される人の中で、意外と多いのが、彼と別れたいと訴える女性です。

たとえば、将来に対する考え方が違うから、これ以上付き合っていても仕方ない。でもひとりになるのが寂しくて、別れる勇気がないといいます。

心の中では答えが出ていても、実行に移すには背中を押す何かがないと、その一歩が踏み出せないようです。

そんなとき、思いを断ち切るいちばん効果的な方法は、ズバリ**古い洋服を捨てることです**。

洋服だけでなく、**パートナーとの思い出の品の一切**を捨てましょう。

最初は「迷い」というマイナスエネルギーの抵抗に遭いますが、一度乗り越えてしまえば、加速がついたように捨てていくことができます。

「捨てる」という行為で、物理的に不要なものがなくなると、**自分の本音**が見えてきます。

自分はどうなりたいのか、という意識をクリアにすることで、迷いも未練も執着も、すっきりと切り離すことができるようになるのです。

古い洋服を捨てた女性たちは、まるで憑《つ》きものが落ちたように、明るい笑顔で「すっきりした！」と言います。

このすっきりとした爽快感は、次の恋への躍動感につながります。もう後ろを振り向くことはありません。

輝く未来へ目を向けることができるようになるでしょう。

仕事で成功したい!

⇩会社のデスクまわり〝プラスアルファ〟のそうじをしましょう

仕事の発展には、周囲の人たちの協力が不可欠です。

人間関係を良好にするためには、**エネルギーの流れをスムーズにする**こと。

ですから、まず身のまわりの磁場を整えることが大切です。

先日、経営者向けのセミナーを開催したときのこと。消費税の増税を機に、景気の冷え込みを心配していたD社長は、セミナーの中で伝えた、「会社のデスクには、現在のあなたの仕事の状態が現れます」という言葉にハッとしたと言います。

社員の中にも机が乱雑な人はいますが、誰よりも自宅の自分の机が散らかっていたそうです。Dさんは、机を片付けながら、**経営に対する不安や迷いを断ち切る**ことができたとおっしゃいました。

その後、自身の体験談を話し、社員全員でデスクの掃除をしたところ、2カ月後には会社の売り上げが1・5倍も上がったそうです。

会社の机上にうずたかく積まれた書類や足元に押し込まれた資料は、仕事の能率を下げる悪因となります。

机の上も下もすっきりと整え、仕事に生かせるスペースを広げてください。

引き出しの中に眠っているガラクタも同様です。

不用品がなくなったら、デスクを隅々まで拭いてください。悪い流れを断ち切るような気持ちで、ていねいにクリーンアップします。

自分のデスクが終わったら、次は会社全体に目を向けます。

ゴミが落ちていたら拾う、汚れを見つけたら落とす、トイレを使ったらそうじをするなど、プラスアルファのそうじ力を実践してください。

会社全体のことまで「なんで自分が……」と思わずに、気づいたことをやるだけで、驚くほど運気の流れがよくなるのです。

この**「公共の場をきれいにする」**というのは大きなポイントです。

私の場合、打ち合わせや取材が終わると必ずトイレに行って、最後に手を洗うときにサッと洗面所のシンクを拭きます。

ハードスケジュールで疲れていても、そこでサッと拭くことで、その場がきれいになり気持ちがすっきりすると同時に、自分の疲れも吹き飛ぶ感じがします。

たったひと拭きで自分の運気がリセットされ、次の仕事に意欲をもって移ることができるのです。

また、公共の場は人々の波動が渦巻いています。その中でも、いい波動を味方につけることができれば、あなたの周囲は必ずプラスのエネルギーで満ちてきます。

はじめは少し大変だと感じるかもしれません。

でも、やり続ければもっとそうじしたくなるでしょう。

そして気がついたときには、あなたの人生は劇的に好転しているはずです！

人脈を広げたい！

⇩古い名刺を処分しましょう

あなたは現在、いただいた名刺をどれくらい保管していますか？

そして、その中の何割を活用しているでしょうか。

ビジネス上の人脈をつなげるためには、名刺は欠かせません。しかし、使い方しだいで吉にも凶にもなるのです。

ある本に、おもしろい話が書かれていたので紹介します。

同じ条件で置かれている三つのリンゴのうち、一つめには毎日「かわいいね」「きれいだね」「おいしそう」など、ほめ言葉をかけ、二つめには「バカ野郎」「まずそう」などの罵声《ばせい》を浴びせ、三つめは無視しました。

このとき真っ先に傷《いた》んでいくのは、無視されたリンゴだそうです。

次に傷むのは罵声を浴びたリンゴで、ほめられたリンゴは、ずいぶんと長い間、新鮮さを保てたそうです。


人間関係にも同じことがいえます。

人は無視されるときにもっとも精神的苦痛を感じるといいます。

名刺に置き換えていえば、パッと名前を見た瞬間に顔が浮かばないというのは、無視をしているのと同然。放っておけば、やがて名刺ホルダーの中で腐っていきます。

すると、**人脈の流れが悪くなってしまう**のです。


名刺は数多く持っていればいいというものではありません。

きちんと使えないのであれば、持っていても生かしようがないのです。


人脈の流れが悪くなれば、当然人間関係はよどんでしまいます。すぐに全部チェックしてみて、顔と名前が一致しないものについては処分しましょう。

また、携帯電話やパソコンのホルダーにたまっている着信メールも、定期的にふるいにかけ、古いものは消去してください。

1〜3カ月に一度、この作業をくり返すことで、あなたの周囲の人間関係が息を吹き返してきます。

人の名前をきちんと確認することがクセになるので、連絡のもらいっぱなしといった失礼もなくなっていくはずです。

人間関係を生きたものにするためにも、古い名刺は捨てて、新しい出会いをたくさん呼び込むようにしましょう。

こうして人脈の流れを整えておくと、必要なときに必要な人と出会えるようになってくるのです。

転職したい！

⇩使わずに眠っている本や書類を整理しましょう

転職を考えはじめたら、まずは自分の中にある**古い情報を捨てる**こと。そしてレベルアップするための新しい情報を取り込むことが必要です。

会社のデスクにある古い資料などは、すべて目を通してから捨てましょう。会社での整理が終わったら、次は自宅です。頭の中を整理するようなイメージで、本棚で長く眠っている本を整理しましょう。

捨てる作業をしていると集中力が高まります。するとと、転職をする際に何が問題であるのかも、はっきりわかるようになるのです。

もし古い資料の中で取っておきたいものがあったら、ファイリングして情報の整理をしましょう。そのまま取っておくよりも、ずっと活用しやすくなります。

このように古い情報をリセットすると、新しい情報が格段に取り込みやすくなるのです。


また外見を見直すことも、新しい世界へ飛び出すときには大きな改革になります。

そこで、メイク用品の整理整頓をしてください。

使っていない口紅やファンデーション、アイシャドウなどがあれば捨てましょう。

新しいあなたに生まれ変わるときに、妨げになるからです。

不要なものを捨てたら、ファンデーションのパフやメイクブラシを専用洗剤できれいに洗って、リフレッシュさせておきましょう。


すべて整理ができたら、鏡を磨きます。

その際、ゆっくりと腹式呼吸をしながら「私は魅力的」「私ならきっとうまくできる」と、自分に話しかけながら磨いてください。

これを実践した方々からは「表情が明るくなった」「きれいになった」と言われるようになったとよろこびの声をいただきました。

さらに、女性はメイクの色づかいを変えただけで印象がガラッと変わることがあります。

自分を一新するつもりで、これまで使ったことのない色に挑戦してみるのもいいでしょう。


今まで自分がいた世界から一歩踏み出すつもりでメイクを変えると、新しい会社のレベルと自分の波動が合いやすくなり、新たな環境に溶けこみやすくなるという効果もあります。

ぜひ実践してみてください。

とにかくお金を貯めたい!

⇩お金を清潔な場所にしましょう

お金を貯めるには、お金を大事にすることです。

私は以前、「お金を引きよせるそうじ力」というセミナーを開催した際、集まってくださったみなさんへの感謝の気持ちとして、ぽち袋に5円玉を入れてプレゼントしました。セミナーの前日、集まる人数分の5円玉を1枚ずつていねいに磨いていったのですが、磨きながらいろいろな思いが浮かんできました。

そのとき、なぜかふと欲望のままに無駄遣いをしていた若い頃のことを思い出しました。その頃の私はお金をまるで奴隷かのように扱っていたのです。

そのくせ、成功したい、お金が欲しいと思っていました。

お金を奴隷のように扱う人のところへお金はまた戻ってきたいと思うでしょうか?

セミナーの方々のためにと思って起こした行動で、自分自身、お金に対し感謝の気持ちで向き合う必要性をあらためて確認することができたのです。


さて、セミナーに集まってくれた方々の反応はどうだったでしょうか。

「ぜひ、自分でお金を磨いてみてください」と話したところ、

「お金を磨くようになってから、無駄遣いはしなくなった」

「お金に感謝するようになったら、貯金が増えた」

「子どもと一緒に磨いたら、おねだりを言わなくなった」

など、お金との付き合い方が変わったといいます。


あなたもお財布の中にある小銭を磨いてみてください。お札は折らないようにして、いつもピンとさせておきます。

一度お金との関係を見つめ直し、原点に戻って大事にする心を取り戻せば、ピカピカに光るお金はきっと喜んで、あなたの元に仲間を連れて帰ってくるでしょう。

ツイている人になりたい!

⇩玄関&寝室のそうじをしましょう

何をやっても、なぜかツイている人がいます。いつもハツラツとしていて、元気があり、まわりの人まで明るくするような人です。

そんな人には、悪い邪気を跳ね返し、いい運気だけを取り込む力があります。

自分もツキを手に入れたいと思うなら、まず**心と体に十分なエネルギーをためておく**必要があります。

家の中でエネルギーをためる役割を持っているのは寝室です。

私は毎晩、夜寝る前に携帯電話を充電させるのですが、翌朝起きたときに充電されていないことがありました。

なぜだろうと思ってふと見ると、充電器がホコリをかぶっていたのです。携帯の金具との間にホコリが挟まっていたせいで、チャージされていなかったのです。

人がエネルギーをためるときもこれと同じ。

ホコリや汚れがたまった寝室ではぐっすりと安眠することができず、エネルギーも充電されません。

ですから、まずは寝室のそうじを徹底的に行なって、ツキを呼ぶためのベースづくりをしてください（90ページ参照）。


十分にエネルギーの充電ができる環境が整ったら、次は玄関のそうじ（82ページ参照）です。エネルギーの通り道である玄関には、いいものも悪いものも集まってきますから「福は入れて、鬼は入れない」ようにしましょう。

つねに清潔に保っていれば、家を出るときもプラスのエネルギーをまとっていけます。すると、まわりの悪い気を跳ね返し、いい運気だけを取り込むことができます。


心と体にエネルギーを満タンにして出かけていけば、どこにいてもツキが寄ってく

ることは間違いありません。

帰宅したときも、玄関で邪気を祓《はら》うことができるので、疲れの回復が早くなります。

そうしてツキがめぐってくるようになったら、**あなたのまわりの人にもぜひわけてあげてください。**

そうすれば、もっともっとツキのサークルが広がって、より大きな幸福を実感できるようになるはずです。

元気で長生きしたい！

⇩「終活」をしましょう

最近、シニアの方に好評なのが「終活《しゅうかつ》」セミナーです。

参加されるのは、人生のエンディングを意識しはじめる年代の方がほとんど。遺されるる家族に迷惑をかけたくないからと、さまざまな手続きを進めたり、ためこんできた荷物を少しずつ処分しようという気になるようです。

ところが、終活をした受講生は、**かえって心身ともに若々しく、以前と比べて元気になられる**のです。死を意識しているのに逆説的なようですが、おそらく、モノを減らすことで心も軽くなり、幸福感に包まれて、何事にも積極的に向き合えるようになるからでしょう。

モノが少なくなるとそうじも楽なので、清潔を保ちやすいという効果もあります。元気で長生きしたいなら終活を。私の経験則からいっても、断然おすすめです。

第6章

「プチそうじ」で、いつでもどこでも運気アップ！

まるで呼吸をするように
ツキがやってくる！

毎日少しずつやるだけでみるみる開運！

そうじをするには時間がかかる。

そんなふうに思っている人もいると思いますが、「そうじ力」ではまとまった時間は一切必要ありません。

そうじは面倒くさくて大変なものではなく、自分が気持ちよくなるための方法。

前にも少し触れましたが、それこそ呼吸をするように一生付き合っていくものです。

1日の中にはたくさんのそうじのチャンスがあります。

ポイントは**「行った場所、または使った場所やモノをその都度きれいにする」**こと。

トイレを使い終わったら汚れを拭く、洗面所を使ったら水ハネを拭く、お皿を使ったら洗う、靴を脱いだら揃える……。

どうですか？　どれもほんのわずかな時間でできることばかりです。

いつでもどこでも、ちょっとだけきれいにしようと心がければいいのです。

あなたもさっそくできることから始めてみてください！

朝のプチそうじ力ポイント

――朝のそうじが1日のリズムをつくる！

朝は1日のリズムをつくる大切なときです。なかなか起きられず、布団の中でついダラダラとしがちですが、思い切って起きましょう。

さらに、朝からそうじ力を実践すると不思議なほどテキパキとエネルギッシュに過ごせるようになり、それだけで「忙しい朝」が「ゆとりある朝」に変わります。

そうじをすることで、エネルギーが高まるので、その日にやるべきことを数倍のパワーでやり遂げられるようになるのです。


出かける前にプラスのエネルギーで自分を満たしましょう。

そうじ力の例

- 目覚めたら、窓を開けて換気をする
- 布団をたたむ、またはベッドメイキング
- 洗顔、歯磨きなどが済んだら、洗面所の水ハネを拭く
- 朝食のあと片づけ
- メイク道具の片づけ
- 脱いだ服をたたむ

昼のプチそうじ力ポイント

——「公共の場所」をきれいにするだけで……

会社や外出先など外で過ごすことが多い昼間は、公共の場所をきれいにしましょう。会社やレストラン、喫茶店などのトイレや洗面所を拭く、ゴミを拾う、子どもの遊び場でおもちゃを片づける……。

ほんのちょっとしたことですが、グンと気分がよくなり、同時に運気もよくなります。疲れを吹き飛ばす力もあるので、仕事や家事の能率が下がってきたと感じたら、気持ちをリセットするためにもそうじをしてください。

そうじ力の例

- ✧ 会社の机の上を拭く
- ✧ 資料の整理をする
- ✧ メールをチェックして、不要なものは消去する
- ✧ 昼食後の歯磨きやメイク直しが済んだら、洗面所を拭く
- ✧ 社内のゴミを拾う
- ✧ 自分の机の近くのゴミ箱を空にする
- ✧ 靴を脱ぐときは、人の分まで揃える

夜のプチそうじ力ポイント

——その日の汚れは その日のうちに取る！

その日にまとった汚れや、使ったものの汚れは、その日のうちに落としましょう。

着ていた服や履いていた靴、身につけていた時計やバッグなども、意外に汚れているので定期的にきれいにするといいでしょう。

ポイントは「その日の汚れはその日のうちに」。

夜のそうじは、快適な睡眠と気持ちのいい朝を迎えるための絶好のチャンスです。

そうじ力の例

- 帰宅したら手洗い、うがいをする
- 調理で使ったガスレンジ等の汚れを落とす
- 夕食のあと片づけ
- お風呂で体の汚れ落とし
- お風呂の排水溝など、目についたところをきれいに
- 寝る前の歯磨きが終わったら、洗面所を拭く
- 寝室に不要なものがあれば片づける

アイテム別

小さなところにこの〝開運ポイント〟が潜んでいます！

財布◇〝お金の居心地〟がよくなる空間のつくり方

財布が汚れていたり、ボロボロになったりしていませんか？

数カ月前の領収書や使わないクレジットカードやポイントカードがぎっしり入って財布がパンパンにふくらんでいませんか？

お金にとってみれば、あなたは主人で、財布は家です。

家（財布）がもし居心地の悪い空間だったとしたらどうでしょう。

お金はその場にいるのを嫌がり、出て行きたくなるはずです。

お金はあなたが思っているよりきれい好きなのです。財布が清潔で整理されていなければ、お金は入ってきません。

自分の財布を見直してみてください。何年も替えていないのなら、これを機会に新しい財布にしましょう。そしてお金がいくら入っているのか、いつもひと目で把握できるように、きちんと整理をしておきましょう。

コスメポーチ✧必ずきれいなものを使うこと！

コスメポーチには、女性が美しくなるためのさまざまな道具が入っています。

細かな道具を入れるので、ごちゃごちゃしないようにつねに見直してください。

たとえば、パフが汚れていたり、ブラシがヨレヨレになっていたり、あちこち手アカがついたりしていては、肌の調子やメイクの仕上がりも悪くなってしまいます。

メイク道具は定期的に洗い、清潔に保ちましょう。

コスメポーチの扱い方ひとつで、もっと美人になれるのです。

腕時計✧「生きた時間」がどんどん増える！

腕時計を美しく保つと、時間を大切にできるようになります。

時間を大切にすることは人生においてプラスになることばかり。人間関係がスムーズになり、仕事の躍進にもつながります。

折を見て、ぜひ腕時計のプチそうじをしましょう。

特に、ベルト部分には汚れがたまりがちです。

皮ベルトの洗浄は難しいですが、金属ベルトであれば、タオルの上に置いて、アルカリ性の洗剤をかけてしばらく置いておきましょう。汚れがタオルに染み出してくるので、最後はベルト部分を水でサッと流して、から拭きで仕上げてください。

文字盤部分は乾いた布でやさしく汚れを拭きとります。

携帯電話✧不要な情報を捨てるだけで……

携帯電話はコミュニケーションをスムーズにするための大切なツール。

その力を存分に発揮できるように、ふだんから情報の整理整頓をしてください。

液晶画面に顔の脂やホコリがついたらすぐにクリーニングクロスやハンカチなどで拭きとりましょう。

また、**古いメールや使わなくなったアプリは削除**して、中身をつねに新しい情報で満たしておいてください。これはパソコンも同様です。

ジュエリー✧磨いて光らせることで自分も輝く！

ジュエリーは輝くことで、生きるもの。つねに磨いて光らせておくことが大切です。

貴金属類は身につけると汗で酸化し、傷みの原因になるので、使ったその日のうちに汗や汚れを落としてください。シルバー素材は時間がたつと黒ずむので、専用のクリーナーを使って輝きを取り戻しましょう。

また、ジュエリーボックスも定期的に整理をして、使わなくなった古いものは捨てること。ネックレスのチェーンがからまったり、ピアスやイヤリングの片方だけがなくなるといったトラブルを避けることができ、長く大切に使えます。

靴✧成功者ほど手を抜かないのはなぜ？

靴はその人の土台。つまり、**運気の土台**ともいえます。

足元は意外とまわりから見られていますし、あなたに対する評価が決まる部分でもあります。ですから、成功者になればなるほど、靴にこだわり大切に扱うのです。

ヒールやつま先の汚れはもちろん、靴の裏にガムがつきっぱなしなどもってのほか。

また、下駄箱も泥やホコリがないように、掃き清めておきましょう。

靴をきれいに磨くことで、心まで磨かれるのです。

おわりに

そうじ力体験、いかがでしたでしょうか。

手に取っていただき、最後まで読んでいただいて、本当にありがとうございます。

あなたの心の中に何らかの影響を与えることができたでしょうか。

そうじ力には人生を大逆転させるだけの力がある！

それをこの本で理解していただけたなら、ぜひ実践をしてみてください。

片手にぞうきんを持って、ひと拭きしてみてください。

「よし、マイナスを取りのぞいて、運をよくするぞ！」と強く思って、ひと拭きしてみてください。

その行動が、必ずあなたの未来を変えます。

ひと拭きすれば、その拭いたぶんの結果が表われます。

そこがポイントなのです。

行動前と行動後では、あなたはまったくの別人になるのです。


以前、私は成功を目指して、成功に関する本を読みあさっていました。

しかし、読めども読めども日常は何も変わりませんでした。

今考えると、それも当然だと感じます。

なぜなら、私は何も行動に移していなかったからです。

「この成功本の著者はレベルが高いな」とか「こちらは内容がいまいち」だとか、そんなことばかり考えて、いつしか、成功本の〝評論家〟になっていたのです。

行動するのが怖かったのかもしれません。

不満に思いながらも、なじんだ日常を壊す勇気がなかったのかもしれません。

そんな私に、勇気と行動と自信を与えてくれたのがそうじ力でした。

私はそうじ力研究家であり、また、実践者でもあります。

ただこの本に書いたことを実行しているだけ。それだけで驚くほど毎日が充実し、成功が加速しているのです。

さあ、行動を起こしましょう。
そうじ力で環境が輝きます。
そうじ力であなた自身が輝きます。
そうじ力であなたの未来も輝きます。

あなたがより幸福になることを、心から願っております。

そうじ力研究家　舛田光洋

本書は、小社より刊行した同名の文庫を一部加筆、改筆したものです。

3日《か》で運《うん》がよくなる「そうじ力《りょく》」

著　者――舛田光洋（ますだ・みつひろ）

発行者――押鐘太陽

発行所――株式会社三笠書房

〒102-0072 東京都千代田区飯田橋3-3-1
電話：(03)5226-5734（営業部）
　　：(03)5226-5731（編集部）
http://www.mikasashobo.co.jp

印　刷――誠宏印刷

製　本――若林製本工場

編集責任者　本田裕子
ISBN978-4-8379-2811-9 C0030

T30338